Archivos de la memoria

TESIS / ENSAYO

Ana María Barrenechea
(Compiladora)

Archivos de la memoria

Jorge Panesi - María Alejandra Alí
Valeria Añón - Susana Artal
Paola Cortés Rocca - Raúl Illescas
Lucila Pagliai - María Inés Palleiro

BEATRIZ VITERBO EDITORA

A864	Archivos de la memoria / compilado por Ana María
ARC	Barrenechea.- 1ª. ed.– Rosario : Beatriz Viterbo, 2003.
	160 p. ; 20x14 cm.-(Tesis/Ensayo)
	ISBN 950-845-126-2
	I. Barrenechea, Ana María, comp.. – 1. Ensayo Argentino

Biblioteca: *Tesis / Ensayo*
Ilustración de tapa: Daniel García

Primera edición: setiembre 2003
© Ana María Barrenechea
© Beatriz Viterbo Editora
España 1150 (S2000DBX) Rosario, Argentina
www.beatrizviterbo.com.ar
info@beatrizviterbo.com.ar

Reservados todos los derechos. Queda rigurosamente prohibida, sin la autorización escrita de los titulares del "Copyright", bajo las sanciones establecidas en las leyes, la reproducción parcial o total de esta obra por cualquier medio o procedimiento, incluidos la reprografía y el tratamiento informático.

IMPRESO EN ARGENTINA / PRINTED IN ARGENTINA
Queda hecho el depósito que previene la ley 11.723

Archivos de la memoria
Palabras introductorias

Ana María Barrenechea

Los grupos de investigación que dirigí por varios años fueron cambiando en la composición de sus miembros, pero en un momento se ocuparon de un tema central: la recopilación de cartas inéditas de Sarmiento para su paulatina publicación.
En una etapa posterior decidimos ampliar el espectro de intereses como lo muestra el título elegido: *Archivos de la Memoria*.
Por una parte la palabra "Archivos" implica por su etimología griega (Derrida, 1997) un principio de ordenación que apunta a un tipo de recolección, salvación y organización común de lo que su complemento expresa: es decir, en nuestro caso, de los materiales y formas de conservar la *Memoria*.
Nuestra utilización en plural es un indicio de que estos modos de relacionarlos no serán iguales para cada investigador y por lo tanto habrá cambios en los enfoques y en los énfasis. Se creará así una comunidad de intereses que abarque desde el polo de la diferencia hasta el de la unidad.
En cuanto al término *Memoria* puede pensarse que a veces se la relaciona con el término *recuerdo* y en ese par de palabras se distinguen matices de significado. *Recuerdo* se emplea para nombrar el *acto* de recordar o lo recordado; *memoria* designa *la facultad* de recordar. José Ferrater Mora, en su *Diccionario de*

Filosofía, observa: "El recuerdo es un proceso psíquico; la memoria, el hecho de la retención de los estados o actos, retención cuyo término final es precisamente 'el recuerdo', la vuelta de estos estados o actos con conciencia de que habían transcurrido en el pasado del sujeto." Apoyado en Henri Bergson, *Materia y memoria* distingue 'memoria-hábito' (que es psicofisiológica) y "memoria pura" (la misma esencia de la conciencia), la cual "representa *la continuidad de la persona*, la realidad fundamental, *la conciencia de la duración pura.*" Por eso "puede definirlo al hombre y separarlo de los otros seres como el ser que tiene memoria, que conserva su pasado y lo actualiza en todo el presente, que tiene, por consiguiente historia y tradición". También, "aun sin conciencia de su anterioridad, el 're-cordar' en el sentido primitivo del vocablo [...] como vivencia actual que lleva en su seno todo o parte del pasado."

Varios puntos se han revelado como importantes en este enfrentarse de *la memoria y el olvido*.

Al enfocar el funcionamiento de la *memoria personal*, se destaca la continuidad de un hilo de unidad de conciencia a pesar del desgaste que produce el fluir temporal y las intermitencias de la atención, hilo que mantiene cierta persistencia y coherencia del recuerdo, del Yo, del saber quién vive y qué vive y cómo se proyecta hacia un futuro (aunque la fantasía de algunos escritores haya pensado en un fluir desde el futuro en dirección inversa hacia el presente que ya parece en cada instante un pasado.)

También nos preocupa a los humanos saber que somos fruto de la acumulación de la porosa conciencia que nos construye con experiencias que a veces se salvan o se hunden en un pozo de olvido, o que quizá y parcial o aleatoriamente un sonido o un olor, o un brillo rescatan.

"Memoria" es el título del capítulo primero que sirve de introducción al libro de Luis Buñuel, *Mi último suspiro* (editado por primera vez en francés en 1982 y en español en 1983, con tres ediciones en Barcelona, Plaza y Janés que se agotaron ese año.

Resume allí con frases precisas lo que es escribir los recuerdos de su vida cuando uno comienza a sentir que está perdiéndolos.

Entonces sobrepone a esa experiencia las patéticas visitas a su madre, "anciana que llegó a no reconocer ni a sus hijos, a no saber quiénes éramos ni quién era ella". Las contrapone con la experiencia de sus olvidos parciales, con el comienzo de sus propias fallas personales. "¿Será esto el comienzo de la desaparición total? Es atroz tener que recurrir a una metáfora para decir 'una mesa'. Y la angustia más horrenda ha de ser la de estar vivo y no reconocerte a ti mismo, haber olvidado quién eres."

"Hay que haber empezado a perder la memoria, aunque sea sólo a retazos, para darse cuenta de que esta memoria es lo que constituye toda nuestra vida. Una vida sin memoria no sería vida, como una inteligencia sin posibilidad de expresarse no sería inteligencia. Nuestra memoria es nuestra coherencia, nuestra razón, nuestra acción, nuestro sentimiento. Sin ella no somos nada."

Y al final de las tres páginas (13-15) que constituyen la introducción aparecen estos párrafos que lo pintan por entero: "La memoria es invadida constantemente por la imaginación y el ensueño y, puesto que existe la tentación de creer en la realidad de lo imaginario, acabamos por hacer una verdad de nuestra mentira. Lo cual, por otra parte, no tiene sino una importancia relativa, ya que tan vital y personal es la una como la otra. [...] Mis errores y mis dudas forman parte de mí tanto como mis certidumbres [...] De todos modos el retrato que pinto es el mío, con mis convicciones, mis vacilaciones mis reiteraciones y mis lagunas, con mis verdades y mis mentiras, en una palabra: *mi memoria*." (Énfasis mío, p. 15).

Pero junto a la *memoria personal* existe la *memoria colectiva*, porque cada uno de nosotros es un ser que se comunica con otros y con lo otro. Sin duda casi todos tratamos con círculos diversos de personas, en ámbitos que pueden intersectarse o no, según lugares, tiempos, oficios o actividades o nacionalidades y experiencias históricas diversas, privadas y públicas, religiosas y culturales.

Aunque actualmente estén menos de moda las obras de Miguel Bajtín y Valentín Voloshinov (sin entrar en discusiones sobre si el segundo prestó su nombre para publicar ideas del primero, opinión que no comparto), parece oportuno recordar sus aportes.

Me refiero a la importancia de sus enfoques centrados en la filosofía del lenguaje y la historia de la cultura, que fundamentan su noción de *translingüística*, su sustitución de la visión monológica por la *imaginación dialógica*, una semántica resituada en los actos del habla específicos que no olvide la variedad e historicidad del sentido, la noción de *cronotopo* para iluminar los estudios literarios.

Volviendo a la noción de memoria colectiva puede interesar cómo se construyen, por medio de varios modos de organizaciones, pirámides de poder y también grupos de resistencia a ellas, que van delineando *historias colectivas*, a veces muy fuertes en momentos de persecuciones o que van dejando memorias aglutinantes como las desgarradoras del holocausto judío, o en épocas de enfrentamiento como las que estamos viviendo simultáneamente con las tendencias a la globalización.

También existen, por ejemplo, las resistentes memorias colectivas de las comunidades indígenas o alienígenas que van muchas veces desapareciendo junto con los hombres que las constituyeron, unas veces por exterminio, otras por mestizajes y borramiento de sus lenguas y de los restos de juegos, canciones, vestimentas y otros objetos culturales que los distinguían y cohesionaban.

Nuestra investigación de *Archivos de la Memoria* se propuso estudiar los objetos, los instrumentos y las redes de su agrupación y funcionamiento (oral-escrito, individual-colectivo, espacial-temporal, recordado-modificado-borrado, etc.).

En este libro ofrecemos adelantos parciales de la labor realizada, que continuará en los próximos años. Cada uno de los integrantes del grupo, Alejandrá Alí, Valeria Añón, Susana Artal, Paola Cortés Rocca, Raúl Illescas, Lucila Pagliai y María Inés Palleiro, hace explícito en sus textos en qué sentido orientó su trabajo. Fue invitado, además, Jorge Panesi, que contribuye con un trabajo sobre la novela Villa, de Luis Gusmán y la importancia de la memoria en el diseño del personaje central. También participó en las reuniones del grupo y en sus discusiones, con comentarios incitadores, María del Rosario Ferrer, profesora titular de Literatura Española en la Universidad Nacional de Rosario e investigadora adscripta en nuestro Instituto. En cuanto a mí –que proyectaba estudiar la memoria y el olvido en la obra de Borges– me vi obligada a detenerme en la importancia de la dimensión temporal sobre la espacial y a incorporar las descripciones de sus sueños (o de los ensueños que arrastra esa zona imprecisa del despertar), sin distinguir su origen entre recuerdos personales o cuidadosos productos de su imaginación como "La memoria de Shakespeare" (*OC*, III, 393-399).

Villa, el médico de la memoria

Jorge Panesi
Universidad de Buenos Aires

No hay, no hubo "literatura *del* proceso". Hubo, sí, literatura *en* ese totalitarismo que denominaron "proceso". No hay tampoco, y por las mismas razones, personajes novelísticos del "proceso". De existir, esos personajes deberían pensarse como engendrados por el único universo narrativo que podría albergarlos: la máquina kafkiana o *El proceso* kafkiano. En la franja histórica que va desde 1976 a 1983, más que héroes, hombres, o relaciones subjetivas, lo que hay que narrar son dispositivos, sistemas, jerarquías infinitas, máquinas. Me gusta pensar que, con su encierro carcelario, *El beso de la mujer araña* se acerca bastante a sintetizar la inscripción humana de ese mundo (y quizás *demasiado humana*, si fuese cierto que lo imposible de representar, y a la vez lo esencial, consiste en una máquina). Aunque la exclusión, la anulación, y el encierro presuponen la inscripción corporal de las máquinas represivas, carcelarias, policiales, judiciales, *El beso de la mujer araña* se conecta con una fase temprana y hasta cierto punto legal de la represión militar argentina (recordemos que la cárcel de esta novela no es un campo clandestino de prisioneros). Digo esto porque *Villa*[1], la novela de Luis Gusmán, también va hacia el huevo de la serpiente, hacia los contornos o principios de ese mundo represivo, pero la ley en *Villa* ya está tempranamente mezclada, cobija los pliegues de ilegalidad que ella misma traza y que simultáneamente la afirman y la burlan en secreto. La ilegalidad interior de la ley. En cambio, la representación de la ley en Puig (la ley masculina, paterna y represora) no tiene huecos ni mixturas, sólo transgresores que pueden pactar con sus agentes sin conmoverla porque es demasiado gruesa en aquello que delimita; en la cárcel todo es ley, y por eso, Valentín y Molina (el guerrillero y el homosexual) alcanzan un status de héroes. Habría otro modo de concebir el aparato jurídico y su mixtura con la política, con el aparato militar, o con la burocracia. Consistiría en decir: la ley constitutivamente vive de sus propias contaminaciones, vive y muere contaminándose. Como en *Villa*, de Luis Gusmán.

No es excesivo leer en *Villa* los engranajes de una máquina anónima, jerárquica, autosuficiente, que atraviesa otras maquinarias institucionales (el ejército, la policía, la justicia, la política). La llamamos "máquina burocrática" para acercarnos y acercar la novela de Gusmán a un modo de inteligibilidad maquínica que insiste o se impone en los vocabularios y en las narraciones que hoy tratan de interpretar intrincados complejos culturales e históricos. Porque aquello que se debe narrar, aquello que cierta narrativa y también cierta crítica quieren hacer inteligible a través del relato, son *procesos* cuya comprensión exige volver a pensar el estatuto de la subjetividad, su formación, su juego, y también o correlativamente, volver a narrar el juego histórico de las instituciones en relación con los sujetos. Más que la coherencia teórica de un concepto, se debe ver en este vocabulario maquínico un deseo o una voluntad por dar cuenta de todos los hilos insospechados y anónimos que tejen la historia. Y si tuviéramos que justificar la etiqueta "máquina burocrática" –por demás, casi del sentido común o del habla corriente– a través del mundo literario que Gusmán nos propone, podríamos citar su reciente *corpus* crítico, el de *La ficción calculada*,[2] donde el interés por Kafka insiste junto a una interpretación jurídica de *La carta al padre*, lo que convierte el análisis en una verdadera máquina jurídica y retórica a instancias del propio Kafka, que ha sugerido esta perspectiva de lectura.

Se podrá advertir la matriz deleuziana de esta presentación, pero se deberá advertir también que la narrativa y la crítica argentinas tratan, desde hace algunos años, de aprehender los procesos culturales como máquinas, lo que implícitamente las lleva a redefinir la acción de los sujetos y el concepto mismo de "sujeto" de (o frente a) la cultura y las instituciones. No analizaré aquí las causas ni los matices de esta insistente metáfora maquínica, sino que me contentaré con señalar, a modo de ejemplo crucial o probatorio, la presencia de la "máquina macedoniana" en *La ciudad ausente* de Ricardo Piglia, y en los tres ensayos que Beatriz Sarlo tituló *La máquina cultural*.[3] En *Villa*, Luis Gusmán no nombra ni teoriza las máquinas, sino que, afortunadamente, las narra. No son en él un concepto, ni una noción, ni un esquema: se las ve generar la opacidad irreductible del personaje masculino Villa. Por el contrario, sí encontraremos en la novela el uso de la palabra "mundo", "mundos". Y, precisamente, lo que se entiende por máquina en estas concepciones narrativas y críticas recientes es una *producción*: la máquina produce un mundo, produce mundos (narrativos, culturales, represivos).

Si la novela *Villa* caracteriza su modo de representación a través de "mundos" separados, franqueados e infranqueables, relativamente autosuficientes y en necesaria comunicación o interpenetración mutua, habría que preguntarse cómo se desliza el mundo novelístico ya constituido de Gusmán hacia esos otros mundos históricos generados por la máquina burocrática, estatal o política. Como si la pregunta a la que el novelista mismo tuvo que haber respondido con su escritura —pero sin siquiera la correlativa necesidad de habérsela formulado—, cupiese en los términos de un encuentro: "¿cómo es que un mundo novelístico, el de Gusmán, se encuentra con la historia, con la realidad histórica vivida?, ¿qué cede, qué toma y qué transforma en ese encuentro?" Porque si *En el corazón de junio* la historia era una clave a descifrar, una irrupción enigmática, un parpadear del contexto que abría y sellaba el hermetismo narrativo, *Villa* absorbe los gruesos y menudos trazos de la historia política; no sólo los exhibe, sino que se hace cargo de ellos.

En ese encuentro, el mundo novelístico de Gusmán no abandona sus obsesiones, sus tópicos (los gemelos, el cadáver, ciertas geografías o topografías suburbanas), pero los abre a lo que siempre estuvo allí y que exige ahora un modo narrativo particular, una síntesis del encuentro. Me parece que ha sido capital para el mundo (o los mundos) de *Villa* la construcción de una *perspectiva*. Porque los mundos producen perspectivas, los mundos se combaten entre sí a través de perspectivas.

La primera persona narrativa del médico Villa instala una perspectiva, pero debemos reconocer que, a su vez, toda perspectiva es un intento por sujetar lo múltiple, o por amoldar las heterogeneidades de las que ella misma está formada. La forma saliente de una perspectiva radica en la distancia o las distancias múltiples que evoca, en esa suerte de no coincidencia con aquello que narra y también consigo misma. Al comentar su trayectoria narrativa, Gusmán parece subsumir esta distancia en la escritura, voluntariamente alejada de lo que él llama "referente": esta lejanía respecto de la referencialidad, la mímesis o la "crónica puntual" sirve para definir el intento de su primer tramo novelístico hasta la autobiografía *La rueda de Virgilio*. Luego se produciría un giro en el que estarían involucradas tanto la autobiografía como la historia, y que se condensaría en su novela *Villa*. Se trata, en síntesis, de dos dimensiones a las que la narrativa de Gusmán se abre a partir de aquí: la historia y consecuentemente la dimensión ética que supone el tratamiento del material histórico. Dice Luis Gusmán en un reportaje: "Nosotros nos encontramos con problemas hasta fines del Proceso, por el año 83. Hasta ese entonces, cada uno escribía como podía, entre líneas, con alegorías o como Soriano dentro del género. Al abrirse el proceso democrático, uno se encuentra con otros problemas: cómo contar la historia política sin caer en una especie de crónica puntual"[4]. Por eso, Borges le enseña a no perder de vista la dimensión ética o el mundo problemático de los valores en la narración: "Hay algo en Borges que ha sido descuidado en la literatura argentina y es que él se permitía hablar en buenos términos de los sentimientos o los valores (el coraje, la cobardía)".[5] La dimensión ética ("los buenos términos" en que una narración se entiende con el mundo de los valores) depende más que nada de la perspectiva, de la distancia.

Y es fácil constatar que buena parte de la distancia ética proviene de la ironía. La construcción de la perspectiva en Villa tiene un carácter irónico: es un personaje que no soporta la relatividad de las perspectivas, se somete a una sola, o quiere que haya una sola, potente, segura, tranquilizadora a la cual someterse (ya sea la máquina administrativa, o bien la subjetividad del amo). En la novela, Villa confiesa su perplejidad: "Distintos puntos de vista que yo ignoraba absolutamente. Ahí me di cuenta de que Villa era sólo un punto de vista" (95).

A esa construcción de la perspectiva (o personaje) la cultura le ofrece unos materiales que llamaremos *sedimentos*. Y en todo *sedimento* hay ya el embrión de una distancia, la punta de un hilo que ya ha comenzado a fabricar la distancia. En primer lugar, y para lo construido como "narrador" o como "médico Villa", el material consiste en el sedimento o el recuerdo de una zona o de un tiempo en la que todos participaban de una estructura de *secundariedad* (con *sedimento* quiero decir que no pertenece tanto a la franja histórica que Gusmán eligió –el auge del Ministro López Rega, su caída y los primeros momentos de la dictadura militar–, sino que el rasgo de secundariedad es una elaboración cultural posterior, un *sedimento cultural* que permite reconocerlo en momentos anteriores, o cuando no se percibía como constituyente esencial del mundo). El mundo de Villa –nos narra Gusmán– siempre ha sido el de la secundariedad, el del *esclavo*, pero sin duda, la estructura histórica argentina que más se ha parecido a una suerte de *amo absoluto* fue la dictadura iniciada en 1976, cuando la mayoría civil quedó sometida al régimen de la secundariedad absoluta. Es lo que Villa llama "ser un mosca" y define así: "Un mosca es el que revolotea alrededor de un grande. Si es ídolo, mejor". La secundariedad es una servidumbre tranquilizadora, una búsqueda teológica de lo seguro o lo inamovible, salvo que la máquina se desliza siempre, se recompone y deshace a la vez en el ir y venir de un movimiento que tiene como meta ilusoria la eternidad aparente de una fijeza. La máquina se revela por el excedente, por desecho que produce, en este caso, la fijeza fantasmática del cadáver. La ironía está enclavada en el corazón de lo narrado, en el espacio político-administrativo de un Ministerio que es el de la Salud Pública, o el Bienestar público, el Ministerio de López Rega, el Ministerio de Bienestar Social: en ese territorio administrativo se asienta la máquina burocrática con su contracara de muerte. Villa ha elegido como amo a un funcionario-sacerdote de la máquina, el Dr. Firpo, médico caído en desgracia porque defiende las estructuras administrativas neutrales frente a la irrupción de la maquinaria política lopezrreguista y peronista. En el jefe Firpo, se cruzan varios mundos, pero todos se rigen por las distintas formas de la *dependencia* que muy bien hallamos implícitas en cierta manera de hablar, como cuando nos referimos con pesado español jerárquico a los edificios públicos ("en dependencias del Ministerio de..."), pero que usamos también para la privacidad de los hogares con cierta jerarquía ("dependencias de servicio"). En efecto, amante inflexible de la eficacia ministerial, Firpo, el médico jefe, ama también la buena sociedad o los apellidos decentes, se jacta de los grandes hombres con los que se ha rozado en visitas oficiales (el General de Gaulle, el Sha de Persia), y goza un tanto vicariamente de la aureola oligárquica que le proporciona su mujer, de cuyo mundo depende como si fuese otro "mosca". Villa no deja de notar en su jefe esta dependencia, o quizá, esa precipitación fascinada hacia el otro: "Todo ese mundo [de Firpo] era el mundo de Anita". Al morir su mujer, es decir, su mundo, el sostén o el amo del mundo, Firpo se suicida tras confesar que sin su esposa *"el mundo no tiene sentido"* (p.87). La oligarquía propia o ajena, la suya o la de su mujer, agrega una nueva dimensión a la "dependencia" del personaje Firpo, y lo hace a través de la memoria de un *sedimento cultural*, o quizás la memoria de un contexto político: en la década del setenta, el mundo de Firpo hubiera sido rotulado como "dependencia cultural y económica", ese estigma que se les endilgaba a los liberales. La novela de Gusmán se satura con las relaciones de jerarquía y de dependencia, por lo tanto, el amo de Villa, el amo al que Villa ama, es tan dependiente y secundario como él. Y tan dependiente del brillo de los grandes personajes como Villa lo es de su aura: si un "mosca" se define por revolotear alrededor de un "ídolo", Firpo, en el sistema jerárquico de dependencias infinitas, es también "un mosca". Ser "mosca" es en realidad una producción del sistema o de la máquina. Todos comparten el credo y todos lo reproducen. Mosca del sistema, Firpo se suicida en su oficina, elige morir en el mundo oficial al que ha servido, un mundo que exige el tributo de la muerte y la desaparición anticipada. Secundariedad absoluta.

Doble régimen de subjetividades en esta novela: por un lado, el apego carismático a un superior al que se sigue religiosamente, como Villa a su Jefe, y por el otro, el régimen de intercambiabilidad funcional de los sujetos en la estructura. Este doble juego es también un juego de lenguaje (lo público-lo privado) que actúa en la novela *Villa* como una máquina anónima, por una parte, y luego mediante individuos concretos que se relacionan por debajo de la estructura. Ambos regímenes se entrecruzan y se refuerzan mutuamente. El resultado es un sentimiento de indefensión y de inmovilidad que Villa expresa así: "como los antiguos estamos en manos de los dioses" (201). No resulta extraño que quien más predica el ascetismo funcional y profesional del mundo médico-burocrático, sea al mismo tiempo un ser religioso (alguien dice de Firpo: "era muy religioso", 203). La eficiencia administrativa, su empecinado cálculo exhibe su alianza con la teología, con aquellas alturas que la novela convoca una y otra vez a través de los vuelos, o con el espacio religioso más alto desde el cual todo se percibe como mundo secundario.

La máquina burocrática, por su parte, necesita de un deseo y lo produce: el deseo de burocracia o de ordenada administración del mundo. Más extendido y actuante de lo que parece, el deseo administrativo se confunde o superpone con un deseo de dependencia: se quiere depender de la estructura y se la ama, se la goza en el jirón de poder que proporciona, en ese cálculo omnipotente que ha hecho del mundo una cuadrícula previsible.

La máquina burocrática produce un mundo de jerarquías. En la máquina burocrática de *Villa* (y en cualquier otra) la cadena de jerarquías se percibe como infinita, así como la dependencia es también infinita. La ironía del personaje Villa consiste en que nunca ha podido imponer ni hacer que su jerarquía fuera reconocida: "Cómo se atrevía un chofer a hablarme así. ¿Y las jerarquías? Hay que hacerlas respetar y yo no podía". En el tributo amoroso hacia el dominio, en la sumisión absoluta de Villa, su poder, su propia jerarquía desaparece: "Como otras veces en mi historia, las jerarquías se habían perdido entre nosotros. Antes éramos el doctor y la enfermera, ahora simplemente marido y mujer" (118). La novela insiste con las significaciones que se refieren al estar arriba o abajo, a la altura o a la caída, los vuelos en avión, el volar de las moscas o el volar de las águilas. Lo inconcebible e intolerable para Villa es la anulación de las jerarquías, la supresión del arriba y el abajo, por eso, en el momento en que los rangos burocráticos se nivelan por la interacción concreta de las subjetividades, Villa carece de sustento y se borra, se desmaya, se aniquila. La borradura se inscribe en su cuerpo como desvanecimiento, como anulación o desaparición: la única vez en que su jefe Firpo lo trata como a un igual el resultado es el mareo ("Sentí un poco de vértigo y comencé a marearme. Creí que me caía", 15)

El movimiento de "estar arriba" o "estar abajo" tiene una forma circular, gira como una caprichosa rueda de la fortuna. Muchos personajes vuelven desde el pasado de Villa y entran al mundo ministerial con el signo del arriba o el abajo invertidos: un jefe policial que lo ha vapuleado reaparece como chofer y subordinado, el boxeador de peso mosca Pascual Pérez deja de ser un ídolo para convertirse en un simple "mosca" ascensorista, y finalmente, la novia juvenil de Villa cae como guerrillera y víctima de las bandas represivas del Ministerio. La suerte o el destino, la rueda de la fortuna que eleva, descabeza y destrona es una representación popular de la oscura justicia del tiempo, una mirada ciega que dota a la ceguera y al sin sentido con que se contempla la historia con los atributos resignados de un orden implacable y no del todo catártico. Si lo que Villa busca es la seguridad de un mundo, la máquina burocrática, en cambio, vuelve transparentes las conexiones que mantiene con el azar, las mismas que ya había descubierto siendo mosca en un salón de juego: la suerte depende de la suerte del amo y ésta también es variable. En el mundo jerárquico (en el mundo cotidiano que la represión militar logró imponer en Argentina), la secundariedad esencial de los sujetos convierte el mundo en azar, en la trama urdida por otros que sólo devuelven al espejo de la mirada la anónima amenaza del miedo.

Gusmán narra aquel momento en que la máquina militar (el golpe militar) se acopla con la máquina burocrática. Nuevamente encontramos un movimiento circular, una recursividad, una vuelta, o la fusión predestinada de dos máquinas análogas: el Coronel interventor del Ministerio resulta ser el mismo que había hecho "zumbar" al mosca Villa en sus épocas de conscripto. El principio que rige ambos mundos es el mismo: "Lo importante, doctor, –le dice el coronel a Villa– es el funcionamiento, no las personas" (194). Órdenes y jerarquías. Pero si la máquina genera tanto las órdenes como el miedo que las hace cumplir, el miedo tiene un efecto indeseado, una incertidumbre sistemática, un momento capital de indeterminación: el sujeto nunca estará seguro de cumplirlas o saber cumplirlas ("no era que no quisiera cumplir órdenes, lo que me desesperaba era no saber cumplirlas" (178). Dicho en palabras del sistema, del sistema militar y del Coronel que lo representa: el miedo es la ambigüedad misma, un factor incontrolable ("El miedo es paradójico, es la mejor metodología en algunos casos, pero al mismo tiempo escapa de toda metodología. Un hombre con miedo es como una granada a punto de estallar" 207). A Villa la ambigüedad de las órdenes y las situaciones lo trastornan, le dan miedo; en este sentido nunca encontrará seguridad, porque la máquina no deja de producir ambigüedades. Según su confesión, "[el ministerio] ya no era un lugar seguro".

Lo que define a Villa, su rasgo determinante, es el miedo. Está permeado y constituido por el miedo. Es el mismo miedo que nos atraviesa como testigos históricos, y es también el mismo sentimiento inarticulable que nos surge cuando queremos evocar lo vivido durante los años setenta. Y si es cierto que Gusmán ha construido su personaje con lo que llamamos *sedimentos culturales*, creo que ha ido más allá: a través del miedo de Villa, ha querido trazar una genealogía del miedo en la Argentina.

La guerra, al adosarse como máquina de muerte a la burocracia ministerial, muestra el carácter mortífero de la maquinaria burocrática. La economía del cadáver, la transacción que trastrueca y falsea la identidad del cadáver, es otro *sedimento* aferrado al modo en que pensamos el saldo de aquellos años. El uso del *sedimento* cultural determina que en el mundo de Villa abunden los velorios, las ceremonias fúnebres, el transporte, la manipulación burocrática y la desaparición de cuerpos, de cadáveres. Lo innombrable no podría narrarse, pero la poesía, en cambio, sí puede acoger el horror cuando recuerda su pasado de plegaria: por eso, lo innombrable que la novela Villa sin embargo narra, cabe entero en la letanía impersonal y fúnebre de Néstor Perlongher ("Hay cadáveres"). La máquina disloca ese fundamento cultural de la memoria: la necesidad pública y privada que los grupos humanos, en el juego de sus identidades y en el sucederse de las generaciones, han otorgado a los ritos funerarios, a la certeza ceremonial de los entierros. *Cuerpo velado, cuerpos velados*, pero no por el misterio o la verdad, sino por la manipulación de la máquina. Sustraer del hilo cultural un cadáver, quebrar su frágil identidad, es alterar, dañar y enfermar la memoria, aquello en lo que una cultura se funda y reconoce. La memoria de Villa es mortuoria y está poblada por cadáveres: en el plano histórico o colectivo, la evocación del velorio de Evita, la agonía y la exposición pública del cuerpo de Perón, pero también en el repliegue subjetivo del médico Villa, se encontrará, sobre todo, el íntimo peregrinaje a una tumba anónima, incierta, indiferente. Villa busca la tumba de su ex novia, la guerrillera a quien hizo morir, quizás piadosamente, para substraerla de la misma máquina represiva que lo utiliza como médico en las sesiones de tortura. Gusmán construyó a Villa bajo el signo del doblez; y en el diseño general del relato, su posición forma siempre una ironía. Ejecutor de su ex novia, también es el sacerdote que oficia una ceremonia de reparación fúnebre que la arranca del anonimato y la confusión onomástica. La presencia de Villa o la invocación a la muerta (su discurso se desliza a la segunda persona, a una suerte de vocativo que no está lejos de la plegaria) devuelven al otro su dimensión irreductible, su lugar preciso que sólo puede adquirirse en el reconocimiento.

Villa es un testigo y corroborador de la muerte, y oficia como heraldo burocrático de la muerte. Omnipresencia del cadáver.

Junto a los sedimentos culturales, en la construcción novelística de Gusmán parece haber actuado un momento de reflexión foucaultiana que se precipita mediante una cita de Bichat: "la enfermedad era una guerra contra el organismo". La cita está puesta en los labios de un militar, el general De Gaulle. Analogía evidente: la medicina y la máquina militar tratan con cadáveres, o como dice el coronel interventor, "los dos nos ocupamos de organismos" (180). De este modo, Gusmán conecta una concepción militar de la sociedad civil con aquella que sostenían los positivistas: el cuerpo social como posible cuerpo enfermo al que hay que curar. La conexión revela la persistencia estratégica de la metáfora orgánica y su conversión literal.

Concluyamos: de entre todos los *sedimentos* que intervienen en la construcción del personaje Villa, quizá el más importante sea el de la memoria. No hace falta explicar por qué: los genocidios instalan en la cultura el problema del olvido y la memoria. Entonces: si Gusmán otorga a su personaje el don de la memoria, si le dona la memoria, es para decirnos que Villa no es un personaje o que es más que un personaje. Villa *es* la memoria. O el tributo que Gusmán brinda a la memoria. Algunas pistas ayudarán a comprenderlo: ante todo, la sistemática autonegación de su capacidad como médico, salvo en el momento en que se declara "un médico de la memoria" (es decir, *hecho* por o para la memoria, aquél que sólo puede curar la memoria). En segundo lugar, encontramos un único rasgo que Villa reconoce como *verdadero* respecto de su ser médico: "letra de médico. Lo único que Villa tiene de médico" (198). Y finalmente, la escritura o la narración contenida en un informe: el burócrata

Villa, ese ser de escritura o solamente de letra, escribe (como buen burócrata) un informe donde denuncia las atrocidades en las que participó. Informe que adecuará y alterará de acuerdo con los amos futuros. Como si Gusmán dijese: los archivos de la historia siempre están adulterados, o pueden ser destruidos. Se conserven o desaparezcan, la literatura será siempre el otro archivo.

Notas

[1] Luis Gusmán, *Villa*, Buenos Aires, 1995.
[2] Luis Gusmán, *La ficción calculada*, Buenos Aires, Norma, 1998. Cf. especialmente los artículos de la sección "Kafkas".
[3] Beatriz Sarlo, *La máquina cultural*, Buenos Aires, Ariel, 1998.
[4] "El hombre de los gansos", reportaje de Jorge Panesi en la revista *Los Inrockuptibles*, a. III, n° 27, octubre de 1998, p. 32.
[5] *Op. cit.*, p. 32.

La isla de Finnegans*

Alejandra Alí
Universidad de Buenos Aires

Introducción

> *"Quoi qu'il en soit des différences de détail, le propre de la mémoire est bien d'apporter dans notre expérience le sens du passeé".*
> *George Gusdorf,*
> Mémoire et personne

La discusión en torno al tema de la memoria colectiva se ha planteado con especial énfasis en la actualidad, en el campo de la reflexión filosófica y sociológica. Paul Ricoeur sostiene en su libro *La Mémoire, l'Histoire, l'Oublie* que según la tradición que va de Aristóteles a San Agustín, la memoria es personal y se torna inviable una proyección hacia la memoria social. Gusdorf, en el texto que cita el epígrafe, compila diferentes posiciones con respecto al tema, en un amplio espectro que considera el campo de las ciencias sociales, entre las cuales se destaca la de Guyau (en la década de los 40) con la idea de la espacialización del tiempo y la de memoria histórica como modo de objetivación de la memoria individual, al insertarla en lo social.[1]

Maurice Halbwachs en *La mémoire collective* se refiere a la influencia que tiene la organización lógica del pensamiento colectivo en los modos individuales de percepción (de tiempo y espacio), y en el recuerdo: "lógica geográfica, topográfica, física, que no es sino el orden que introduce nuestro grupo en su representación de cosas del espacio" (86). Las nociones de memoria autobiográfica y memoria social que este autor analiza son productivas también para reflexionar sobre la génesis de *Respiración artificial* y de *La ciudad ausente*, ya que la idea de archivo como parte integrante de la institución "familia" implica el incipit del primer texto (la novela "familiar" que ha publicado Renzi). En *La ciudad ausente*, como se verá luego, el archivo está implementado en y con la máquina narrativa, evitando el conflicto subjetivo (allí se logra con mayor intensidad el desapego de la novela "realista", ya que el núcleo del archivo familiar no funciona plenamente en el texto édito de la segunda novela de Piglia. Aquí el interés se ha concentrado aun más en la historia política. Sin embargo, algunos rastros de la *novela familiar* perviven en el borrador, que emparienta a Renzi con Junior porque aquel mantenía una relación con la hermana del investigador).

Las "leyes de la percepción colectiva" constituyen un punto de partida para pensar acerca de una idea que ha vertido Ricardo Piglia en una entrevista compilada en *Crítica y ficción*: antagonista de la memoria no es el olvido sino la memoria falsa como construcción de una experiencia artificial, núcleo en el que se basa "el horror" de *La Sonámbula*, guión que escribió con Fernando Spiner para la película homónima. Que el paradigma de la Historia conforma la materia de sus novelas, es un tema que ha sido objeto de diversos artículos críticos. (cf. la exhaustiva bibliografía de la edición de Program in Latin American Studies, de *Conversación en Princeton*). En el presente trabajo me he propuesto indagar sobre los modos en que se articula el deseo del autor de escribir una novela que "narrara más explícitamente el horror de la última dictadura militar" (manifestado en una entrevista que le hice en 1996 en referencia a *La ciudad ausente*), a través del estilo, de los condicionamientos del género, de la poética del escritor.

Con este objeto, he de considerar el último borrador que data de enero de 1992, constituido por dieciséis páginas dáctiloescritas, en las cuales se consignan sintagmas que condensan los ejes temáticos de los capítulos y pequeñas historias redactadas. El examen de ese pre-texto me ha permitido indagar en cuestiones vinculadas a la problemática que plantea la forma, los procedimientos elegidos para resolverlos, la reflexión sobre el género que se vislumbra en los núcleos que consignan las primeras notas del texto.

La Memoria como lugar de constitución de(l) sentido es un elemento que permite estructurar el relato[2]: su teorización sobre los finales que puede leerse fundamentalmente en *Formas breves*, le permite plasmar en la superficie de una novela la memoria social de la historia reciente bajo la forma del Archivo, modo que ya había vehiculizado la escritura en *Respiración artificial*.

El archivo aglutina la secuencia familiar (la historia personal) y la Historia: permite anudar la existencia propia a la serie histórica conformando un discurso alternativo al de la historia escrita. La "voz" que cree poder escuchar Luciano Ossorio remite a los relatos sociales, aquellas microhistorias que tienen la potencia de expresar segmentos no narrados de la experiencia colectiva, elemento que constituye la materia con la que trabaja el novelista según su autor. Esto remite a una poética de la novela que involucra material testimonial: el primero y el segundo capítulo formulados en el borrador redaccional de su segunda novela enuncian la "non-fiction" como el género adecuado para referir un testimonio.

Hacia una concepción antiburguesa de la novela

La entrevista que Piglia le hizo a Rodolfo Walsh en marzo de 1970 desarrolla la idea de que la novela podría recuperar el carácter subversivo que habría tenido en sus orígenes. Es por ello que las "Tres propuestas para el próximo milenio (y cinco dificultades)" tienen como figura emblemática del escritor al autor de *Operación masacre* porque enuncian los materiales que pueden hacer una literatura revulsiva: la oralidad vertebra los microrrelatos que conforman la materia de la novela. El estilo de Rodolfo Walsh resulta paradigmático de la estrategia constructiva: la exploración de lo real, el relevamiento del documento "duro" que atestigüe la experiencia colectiva. Montaje mediante, ese recurso elabora la no ficción de los relatos de Piglia; su estilo breve, incisivo, austero, revela el carácter de la oralidad y ese aspecto que admira de la literatura de Walsh se vierte en los núcleos de la escritura de su segunda novela.

El pre-texto consigna tres veces, en sus dos primeras páginas, el sintagma de "non-fiction" para localizar las historias que va a contar la novela: el mapa del infierno (al que Ana María Barrenechea definió como "Aleph del horror" en su artículo "La inversión del tópico del 'beatus ille' en *La ciudad ausente* de Ricardo Piglia") conformado por los cuadros blancos, los pozos plenos de cadáveres en la llanura, urde lo testimonial y anuda capacidad de visión y memoria (los nudos blancos) con el horror de lo real. La "demasía" narrativa constituida por este pasaje está expresada con una serie verbal reiterada que acumula objetos directos que enfatizan el dramatismo de lo narrado y manifiestan, a través del estilo anafórico, una especie de mirada en exceso. La epifanía que presidía la construcción de su antecedente literario cobra en esta textualidad un nuevo valor ya que está expresando en su estilo dos rasgos esenciales del género de no ficción: la declaración de un 'testigo' de los hechos y la reproducción de un documento (la cinta, en la grabación de la máquina) que permiten atestiguar la historia social. Como destaca Ana Amar Sánchez en *El relato de los hechos* "...reafirma y apuesta a una antigua e irremplazable función que tiene la literatura desde la épica (y que la distingue del periodismo): la de rescatar e impedir el olvido de los hechos que deben perdurar como inolvidables."

Si en *Respiración artificial* el paradigma de la Historia forma parte de la trama a través de documentos escritos (fragmentos del epistolario de Enrique Lafuente, crónicas, etc.) y se novelizaba a través del género epistolar, el deseo de "narrar más explícitamente" lo pone en diálogo con Rodolfo Walsh, para transgredir un género literario anquilosado y convertirlo en un laboratorio en el que sea posible expresar la Memoria. La forma del relato testimonial le sirve para plasmar la poética de literatura "fakta" (cf. *RA*, 195), articulando la expresión de lo real en un "mapa" que representa la memoria colectiva. Por ello el scriptor del texto insiste –en el borrador– en el carácter peligroso que adquiere "el mapa del infierno", que se derivaría de su carácter de no ficcional. Este es uno de los rasgos que Walsh halló que subvertiría el género: "Me siento incapaz de *imaginar*, no digo de hacer, una novela o un cuento que no sea una denuncia y que por lo tanto no sea una presentación sino una representación, un segundo término de la historia original, sino que tome abiertamente partido dentro de la realidad y pueda influir en ella y cambiarla usando las formas tradicionales, pero usándolas de otra manera". (*Rodolfo Walsh, vivo*, 70. El énfasis es mío).

La literatura fáctica

> "Después que uno ha escrito un libro ¿qué más puede decir sobre él? Todo lo que puede decir es en realidad lo que escribe en el libro siguiente".
> Ricardo Piglia,
> Crítica y ficción

La discusión que cierra el encuentro entre Tardewski, Marconi y Renzi (*RA*) esgrime una posición frente a la literatura y declara una poética. La polémica entre Lúkacs y Brecht en torno al realismo abre el espectro de una forma (el relato testimonial) que surge en el cruce de otras dos: la literatura policial y el nuevo periodismo. Un género altamente reglado como el policial se aúna con el testimonio en un registro que permite recuperar los rastros de la oralidad –la "voz del otro"– vertidos en el estilo y los relatos que circulan en oposición a las ficciones contruidas desde el poder. "Las relaciones de la literatura con la historia y con la realidad son siempre elípticas y cifradas. La ficción construye enigmas con los materiales ideológicos y políticos, los disfraza, los transforma, los pone siempre en otro lugar", expresa Piglia en el libro que cita el epígrafe. El debate entre Brecht y Lúkacs preside esta discusión y organiza los modos de composición de la novela. En la entrevista que le realicé en octubre de 2000, Piglia manifestó que esa divergencia entre los citados autores se convertía de alguna manera en motor narrativo, ya que al encabezar los debates sobre el género también lo obliga al escritor a tomar posición y a organizar su relato según sus decisiones.

La concepción que sobre el género vierte Walsh (1970, "No se puede hacer literatura desvinculada de lo político") incide también en la escritura de *La ciudad ausente*: Ricardo Piglia le demanda (pregunta) con interés por la idea que del género tenía el autor de *Operación masacre*, quien manifiesta estar escribiendo en esa época una novela conformada por seis o siete relatos breves, estructura de la que predica que es "primitiva pero interesante". Este modo de operar con la forma prolifera en la segunda novela de Piglia a través de las historias de la máquina, y fundamentalmente en los relatos que tienen como protagonista a las "mujeres-hijas" (la nena, Lucía Joyce, Carola Lugo, son todas mujeres a-hijadas por el hombre, aniñadas en su relación con él).

Walsh declara respecto de esa serie de relatos que habían tenido una "evolución" respecto de sus escritos anteriores porque en ellos se nota un compromiso mayor con la historia, una declaración política. Allí reflexiona sobre la dicotomía que corrientemente se plantea entre la novela y el género de "no ficción" o testimonial, en desmedro de este, el cual es propuesto por él como un modo "manifiesto" de hacer converger ficción y política. La "serie de los irlandeses" ya presenta según su autor la impronta de un "arma" para escribir la verdad.

Cinco obstáculos para escribir la verdad

El subtítulo consignado corresponde a un texto de Bertolt Brecht de 1935, que Piglia sintetiza en "Tres propuestas para el próximo milenio..." bajo el término un poco más auspicioso de "dificultades". Las páginas finales de *Respiración artificial* ya exponían la cuestión del realismo en literatura vinculado estrechamente con lo político, mientras se espera (por) el historiador. Brecht tiene numerosos escritos sobre el compromiso en la literatura donde esgrime cómo y por qué medios vehiculizar la expresión de la verdad, cuestión que Piglia postula no solo para el discurso ficcional sino también en relación con la crítica.

La poética de la "literatura fakta" se esgrime –expone, expresa– de una manera contundente en ese encuentro de antagonistas (Kafka y Hitler) que Piglia noveliza en una suerte de hipálage, ya que hay un escrito inédito de Brecht que narra un posible encuentro suyo con la figura por antonomasia del nazismo en Praga, en 1922. Este núcleo que cuenta un cruce azaroso es "verdadero" si –como en "Emma Zunz" de Borges– se reemplazan algunas fechas y algún nombre.[3] El registro de lo "real" como forma de lucha y de cambio social que obsesionó a Brecht encuentra en el relato testimonial –o así denominado género no-ficcional– su mayor expresión.

Las primeras notas de *La ciudad ausente* que consignan "Ver las relaciones de la máquina con la realidad (política, digamos). Por ejemplo ¿qué materiales recibe?" (26/1/84), envían a "La isla de Finnegans", ya que a pesar de la ilegibilidad que se le atribuyó a esa famosa novela de Joyce se la ha vinculado con la manifestación de la memoria colectiva. La dificultad que implica su lectura se ha ficcionalizado en este fragmento de *La ciudad ausente* a través de la consideración sobre el vínculo entre lenguaje y tradición, entre los cambios en la serie literaria y la narrativización de la memoria social. En *Finnegans wake* se exploran los límites del lenguaje, labor que según Piglia le compete a los escritores: habría una frontera más allá de la cual no se puede narrar, allí surge la pregunta de cómo contar el horror que se plantea en *Respiración artificial*. En la conferencia que

33

dictó en la Universidad de las Madres de Plaza de Mayo, expuso: "Se ha establecido una norma lingüística que impide nombrar amplias zonas de la experiencia social y que deja fuera de la inteligibilidad *la reconstrucción de la memoria colectiva*" (el énfasis es mío). Como "para un escritor lo social esta en el lenguaje" Piglia va a hacer converger el registro de los "tonos del habla" en la metáfora de la máquina narrativa, que a su vez apunta al carácter ficcional de lo narrado, rasgo propio del relato testimonial.

En la microhistoria "Los nudos blancos" convergen memoria y verdad en esa especie de sede de un lenguaje ancestral a que alude el sintagma –según se expresa en el texto–, en el que también interviene la oralidad como vehículo de transmisión. Los nudos blancos funcionan como un núcleo metafórico de la memoria: sede del lenguaje, localizados en la "materia viva", este sujeto designa un fragmento de la novela que narra de un modo desplazado la historia reciente. Al contar la relación entre Macedonio y su mujer (que pasa a un segundo plano narrativo) esa parcela del texto édito también habla de prisiones clandestinas, de tortura, del sometimiento de los cautivos, de recorridos organizados para la delación. Elena es una "sobreviviente": sabedora de su naturaleza maquínica, penetra en esa clínica del horror para tratar de reconstruir el pasado; más aun, en un pasaje el Tano cuenta que eran asesinados los que pertenecían –respondían– a la clase obrera.

La inscripción del borrador de la novela que indica "Relato en tercera sobre la realidad y la historia de amor de Elena con Macedonio" anuda historia individual con la Historia obliterada, confiriendo al relato una epistemología del testimonio. La memoria se objetiva en el pasaje de la primera a la tercera persona gramatical que consignan las notas de Piglia, el recuerdo se torna impersonal porque lo que va a preponderar es la memoria colectiva. (La relación entre insomnio, amnesia y represión se articula de manera acentuada en *La sonámbula*). La indicación sobre el estilo indirecto corresponde al efecto de distanciamiento que el autor de *La ciudad ausente* busca para narrar un fragmento de la historia política, inseparable de la literatura según plasma la entrevista a Walsh. Un narrador exotópico, que actúe como un antropólogo es imprescindible para el género de la "non fiction", a la par que las incrustaciones de discurso referido (cuando en "La grabación" y otros relatos de la máquina se cita un testimonio, se re-presenta la oralidad) otorgan verosimilitud al procedimiento de otorgar la voz al otro.

La isla de Finnegans

> *"Toda verdad tiene estructura de ficción. Las ficciones son aparatos lingüísticos que exponen indirectamente la verdad."*
> Ricardo Piglia

En *Crítica y ficción* Ricardo Piglia define los modos de la verdad en relación con la práctica literaria y ensayística. Habría, según su postulación, una "voz verdadera que quiere establecer el crítico." Dos elementos interesan fundamentalmente: la voz, ligada a la fuente misma de los materiales de la literatura y la verdad predicada, núcleo que forma parte de la búsqueda del escritor, de su elaboración de los materiales ideológicos, del fundamento de una poética.

La verdad también puede ser un espacio que es necesario explorar: en este sentido podemos plantear que el capítulo "La isla" de *La ciudad ausente* contiene la "verdad" del texto. Espacio emblemático de la resistencia y la utopía, en el borrador de la novela "es una descripción de los circuitos internos de la máquina." Puede considerárselo como un segmento textual paradigmático del método de composición: el sujeto que arriba a ella y la explora puede narrar la serie literaria a través del relevamiento de los cambios en el lenguaje y del intercambio de experiencia entre sus habitantes. Por ello es posible construir allí una máquina narrativa, reproductor(a) de historias. [Se narra la configuración de un grabador con cierta estructura ficcional (tiene la capacidad de responder ciertas preguntas, lo cual dota al objeto de alma): la grabadora, con esa inflexión genérica, se convierte en la mujer de su hacedor y funciona como una de las tantas proliferaciones y cuentos de la mujer máquina].[4]

"La isla" cuenta también los cambios del lenguaje que han impedido la conservación de la memoria colectiva: sin embargo, allí persiste el "rumor de las voces", se puede escuchar "el murmullo incesante de la historia" con el que va a trabajar –como un historiador– el novelista. Este rumor que esperaba escuchar el Senador Ossorio es aprehendido por una figura a que aspira la poética de Piglia, la de antropólogo. La figura del escritor como explorador de los bordes del lenguaje, que pueda recoger testimonio de los relatos sociales y que pueda dar ese matiz de oralidad a su creación: por ello el capítulo se cierra con la designación de informe.[5] Boas es quien ha podido relevar el estado del lenguaje en "La isla" porque para Piglia el lingüista es quien mejor puede dar cuenta de la realidad política: los temas de discusión, las formas cristalizadas del lenguaje, el predominio de ciertas construcciones, los lexemas, la sintaxis y la semántica que expresan lo social. Sin embargo es el escritor quien logra percibir y plasmar "lo que todavía no es", "el que sabe oír" en ese murmullo incesante de la historia y puede vislumbrar un modo de intervención futura. "Lo que no ha encontrado su forma, (...), sufre la falta de verdad" dice el narrador de *La ciudad ausente* (118) con respecto a una de las historias que se narra, que no ha dado con su sentido ya que carece de final. La preocupación del autor sobre la teorización de los finales de historia habla de una concepción que ensambla narración y expresión de la verdad en el otorgamiento de significado de un relato.

El doble trabajo de la literatura con "lo que ha sido borrado" y "lo que está por venir" se textualiza de modo ejemplar en "La isla", donde "los que resisten hablan una lengua perdida".[6] "Lo que todavía no es", sentencia que define la ficcionalidad y que para Piglia caracteriza la literatura macedoniana, se vislumbra en este fragmento, en ese juego oscilante del estado preverbal de la génesis de la novela que su autor resumió en la expresión de una Buenos Aires que estaba y no estaba. Esa suspensión del espacio (uno de los puntos de anclaje de la novela tradicional) funda una nueva forma al minar uno de los pilares de la narración.

El informe ("reporte") de Boas releva la tensión entre tradición y modernidad que provocan los abruptos cambios en el lenguaje y, por ende, el cambio de valor que instaura otra serie literaria. La "gran tradición", vinculada según el escritor con el estilo, deviene del "murmullo incesante" de la Historia, que restablece la legibilidad cuando la lengua se ha opacado por el uso de formas cristalizadas.

"La reescritura de la historia. La intervención en el mundo futuro".

El subtítulo revela dos frases consignadas en el borrador de la novela ("I parte"). La forma de la utopía se manifestaba ya en el proyecto de *La ciudad ausente*, en la idea que Piglia comentó en la entrevista realizada por Ana María Barrenechea el 28 de junio de 1996: una Buenos Aires virtual. Hay varios fragmentos en la redacción de la estructura de la novela que asignan a una ciudad futura los sucesos de la trama. La construcción de la máquina, de "una mujer que garantiza la redención colectiva" remite a los núcleos consignados anteriormente. En el centro de la configuración de la utopía está la idea de que el escritor es el que puede vislumbrar aquellos signos de cambio social que aun no se han materializado. El diseño de una ciudad del futuro está expresando el motivo del desembarco en "La isla": "Lo que todavía no es define la arquitectura del mundo, piensa el hombre y desciende a la playa que rodea la bahía" (130). En ese mapa textual donde tienen lugar los cambios incesantes del lenguaje es posible visualizarla: "La ciudad próxima se va abriendo, como si estuviera construida en potencial, siempre futura, con calles de hierro y lámparas de luz solar y androides desactivados en los galpones de Scotland Yard. Los edificios surgen de la niebla, sin forma fija, nítidos, cambiantes, casi exclusivamente poblados por mujeres y mutantes." (129)

La constitución de la máquina narrativa se torna imprescindible para expresar la verdad. Este instrumento con el que se puede captar –y retener, conservar, archivar– la voz del otro, se convierte en el aparato (lingüístico) que va a exponer la verdad (de la Historia): artífice de la ficción, la mujer máquina permite exponer el mito de los orígenes (del género), des-realizando el relato.

"El que sabe oír", es quien puede narrar lo indecible. La proposición de *Respiración Artificial* invierte la de Joyce "la historia es una pesadilla de la que trato de despertar", resignificando a dos de los escritores más importantes del siglo XX, Kafka y Joyce. "La isla" esboza y demuestra desde la génesis de la novela un lugar protagónico para Joyce en ese espacio que se constituye en "casa de la memoria". Sin embargo, y fiel a la hipótesis de su autor sobre las formas breves (de la que la tesis sobre el cuento es ejemplar), hay un escritor que ocupa el lugar de Kafka respecto de la Historia: Rodolfo Walsh. Silencioso, obliterado en otro nombre de la "serie de los irlandeses", es el que descubre la verdad, la manera de exponerla y de verterla en la manifestación de un nuevo género: el relato testimonial. Nolan, que ha creado amorosamente una grabadora y que lleva siempre un arma consigo (con la que se suicida al finalizar el relato), es una textualización de la figura de Walsh y de su escritura que registra los conflictos sociales, que conspira contra el sistema y su representación en el género novela. Descubierto por cifrar mensajes para los rebeldes irlandeses, debe exiliarse en ese espacio de cuño utópico (una isla). (Contrafigura de Walsh, que merced a sus dotes de criptógrafo descubrió en Cuba una conspiración de la CIA contra la revolución). Hay también otros elementos genéticos que permiten emparentar la historia de "La isla" con el autor de "Esa mujer": el último borrador redaccional de *La ciudad ausente* consigna: "La fábrica, el relato de los sueños, los anarquistas"; antes, "La isla de Finnegans cuenta una experiencia del primo que ha viajado y ha traído los documentos": estrategia de recolección de materiales y narrativa, la idea del viaje, metáfora por antonomasia de la ficción, es desplazada hacia otro sujeto, que es quien porta los materiales de la historia. Tal vez por ello, el hilo del relato (indeciso todavía en este pre-texto) pasa de Renzi a Junior y esta sucesión permite caracterizarlo con las convenciones propias del género testimonial: Junior será el investigador-periodista-detective que organice la memoria colectiva, ya que Renzi estaba "marcado" como novelista (estetizante para más) desde *Respiración artificial*.

La máquina de narrar le co-responde a (la poética de) Walsh: transfigurada en una saga de relatos (de) irlandeses, habla de la ruptura y la innovación en la forma que caracteriza la obra de Joyce y de la necesidad de explorar los bordes en la búsqueda de la verdad (narrativa): "Hablar de lo indecible es poner en peligro la supervivencia del lenguaje como portador de la verdad del hombre (...) Kafka, en cambio, se despertaba, todos los días, para *entrar* en esa pesadilla y trataba de escribir sobre ella" (*RA*, 272). Lo indecible es "Auschwitz", está en el *Proceso*[7] de Kafka, relato que menciona la parcela del texto que cuenta sobre este escritor y Hitler. El relato trama la realidad política, cuestión que se planteaban como interrogante las primeras notas de *La ciudad ausente* de enero de 1984.

"El barroco radical"[8]

> "Y cuando digo tradición quiero decir la gran tradición: la historia de los estilos".
> Ricardo Piglia,
> Crítica y ficción

El efecto de estilo que el autor busca al señalar en los apuntes de *La ciudad ausente* "Relato en tercera sobre la realidad ..." procura "distanciamiento" para narrar un fragmento de la Historia, para escribir esa zona de la novela que está más próxima de la Historiografía. (Respecto del conflicto que el entorno histórico le presentaba a Walsh, ver *El relato de los hechos*).

La propuesta de literalidad que involucra el uso del discurso pseudoindirecto en *Respiración artificial* (J. L. Rivarola y S.

Reisz, 1984) contribuye a crear la atmósfera de un relato donde se realiza un desplazamiento hacia la voz de otro (distancia y desplazamiento pertenecen a las propuestas para el próximo milenio que Piglia esboza respecto de la literatura futura). En *La ciudad ausente* se utiliza más el discurso directo como expresión de las grabaciones, instrumento del relato testimonial, que permite "narrar más explícitamente el horror de la dictadura militar" según el deseo de su autor. El estilo hecho con los "matices del habla" que Piglia admira de Walsh (cf. fragmento final de la Conferencia) lo construye con los verbos del decir que van configurando una sintaxis compleja y que aluden –perpetuamente– a la voz del otro, al carácter otro de esa palabra. El juego barroco del estilo reviste la oralidad de formas que se superponen y donde se encadena el carácter referido del discurso. Estrategia que acentúa la ficcionalidad ("con todos sus juegos de engaños, espejos, duplicaciones que estaría mostrando todo el tiempo que la verdad tiene estructura de ficción")[9] sostiene la estructura de la verdad escrita. En el final de su primera novela, la referida discusión entre los intelectuales señala a través de esa cadena lingüística que desnuda el carácter discursivo, la condición de legibilidad del texto: su poética, que tiene como una de sus motivaciones centrales la búsqueda de una verdad que ha sido escamoteada desde la narración de la Historia. El arte de hacerla "manejable" podría resolverse en el estilo de cada escritor. La admiración por "el estilo ágil, conciso, eficaz" de Walsh deviene en Piglia un discurso que muestra su carácter ligado a la oralidad a través de un juego de referencias –de espejos– que hablan también de la escena de la escritura. (cf. el final de "El fluir de la vida"). Por ello el bar es el espacio de cruce entre el hilo narrativo de Renzi y el de Junior. Ello responde a la caracterización del relato testimonial, en el que "el narrador se constituye como periodista y como detective justiciero: es un sujeto textual que condensa elementos provenientes del periodista real y del código policial, especialmente del detective 'duro' de la novela negra".[10]

La crónica como género en su convergencia con un estilo barroco tiene otro antecedente literario en Carpentier, quien explicita su valoración de las Crónicas que relevaban un mapa (de América), una realidad para la que no existían palabras en español, poética manifiesta en el Prólogo a *El reino de este mundo*. De ello se trata también en la novelística de Piglia, que ya se cuestiona en su primera novela cómo narrar el horror de Auschwitz, cómo contar lo inefable. "La grabación" predica el carácter de tartamuda de la palabra obrera. El déficit de esa manifestación que se explica por la supremacía que sobre la ficción ha tenido la clase dominante, necesita ser sobreexpresado, a través de una sintaxis compleja que alude siempre al carácter de lo dicho, mediatizado, lo cual también permite ver el movimiento de la circulación incesante de los relatos sociales.[11] El estilo barroco confluye de este modo con los rasgos del relato de "non fiction" para narrar un relato político, siguiendo el postulado de Bloch que el autor de *La ciudad ausente* expresa en *Crítica y ficción*.

Notas

* "La isla de Finnegans": "Sintagma que se inscribe reiteradas veces en el último borrador dáctiloescrito de *La ciudad ausente* que Ricardo Piglia me facilitó".

[1] Si bien la primera edición del texto de Gusdorf data de 1950, su lectura resulta muy interesante por el amplio espectro de disciplinas examinadas desde la perspectiva de la memoria.

[2] Cf. la cita de Eliot que inicia *Respiración artificial*.

[3] Este procedimiento puede observarse en otros pasajes de los textos de Piglia: las cartas de Ossorio en *Respiración artificial* son reproducciones parciales de las del personaje histórico que lo ha inspirado, Enrique Lafuente.

[4] La figura de una mujer que permita la redención colectiva es uno de los núcleos de la película *Metrópolis*, de Fritz Lang, pero allí el valor (político) del artificio se invierte, ya que su edificación se realiza con el fin de boicotear el levantamiento de las masas. Obsérvese también que uno de los márgenes del río Liffey en este capítulo de *La ciudad ausente* es West*land Row* y Rowland era el constructor maquiavélico en el citado film.

[5] En el borrador del texto se alude a este fragmento con la palabra "reporte".

[6] Recuperación de la memoria ("lo que ha sido borrado") y postulación de los cambios políticos ("lo que está por venir") la función social del escritor confluye en esta propuesta con la lucha contra las formas estereotipadas, no solo del lenguaje sino también de los géneros.

[7] Sintagma que alude a la última dictadura militar argentina.

[8] En la entrevista de 1996, Piglia se refirió con esta expresión al estilo de Macedonio Fernández.

[9] (1989) Josefina Ludmer, Seminario *Delito y narración*.

[10] Amar Sánchez, op.cit., 148.

[11] Este es otro de los obstáculos señalados por Brecht, el modo en que la verdad pueda ser divulgada y llegar a sus destinatarios.

El cronista y la memoria. Una lectura de la *Historia verdadera de la Conquista de la Nueva España*, de Bernal Díaz del Castillo

Valeria Añón
Universidad de Buenos Aires

En este trabajo nos proponemos analizar la obra de Bernal Díaz del Castillo en tanto memoria de batalla y en tanto construcción del presente, a partir del relato de la experiencia pasada. La *Historia verdadera de la Conquista de la Nueva España* resulta apasionante, tanto por su estructura narrativa y sus distintas estrategias de construcción del "yo", la alteridad y los espacios, como por el pacto de lectura que establece con el enunciatario: un pacto alejado de los modos tradicionales de pensar la historia y cercano a la noción de "testigo", es decir, a un novedoso planteo historiográfico.[1]

El relato que Bernal Díaz hace de este Nuevo Mundo implica una diversidad grandiosa, tanto en la descripción de los hechos como en la comprensión o ignorancia en torno a la "diferencia". En un intento vigoroso de narrarse a sí mismo (y al "nosotros" de los soldados, que vertebra todo el relato) Bernal Díaz construye un testimonio, una lectura y una memoria que lo trascienden.

En este sentido, la noción de "memorial de batalla" es fundamental para comprender la construcción de la propia identidad y la naturaleza de los reclamos que recorren todo el texto. Es por eso que leemos esta memoria de batalla en la descripción de múltiples escenas bélicas que el autor rememora y rescata en la palabra escrita. Aquí, Bernal Díaz asume el "nosotros" del soldado para dar voz a aquellos que hicieron la conquista pero que no fueron narrados.[2] A partir de este claro posicionamiento de la voz enunciativa, es nuestra intención rastrear los modos de articulación del "otro" indígena, haciendo hincapié en los detalles que hacen de esta obra un texto singular: el relato pormenorizado de los modos de guerrear, las costumbres, las vestimentas, las tradiciones y, especialmente, la lengua; es decir, aquello que Bernal menciona en un intento por aprehender lo nuevo.

La construcción de una memoria

Si buscáramos un adjetivo para definir la obra de Bernal Díaz, "monumental" sería el más adecuado. No tanto por su capacidad retórica ni por su formación literaria o historiográfica; ni siquiera por la maravilla de las topografías en ella relatadas o por el éxito de la empresa llevada a cabo. La monumentalidad de Bernal radica en el extraordinario esfuerzo de erigir una memoria que lo justifique y lo trascienda. Esta memoria tiene variados objetivos: busca construir una imagen propia valerosa y esforzada; se opone a la historia de Gómara, Las Casas[3] y a ciertos textos de Cortés (entre otros) y solicita prebendas, honores y beneficios (de los que ya estaba colmado, según se sabe[4]). Pero, sobre todo, escribe la propia historia de la conquista de México y en ella incluye a la totalidad de los actores que la hicieron posible: soldados rasos, hambrientos, sedientos, que se indentifican con el ideal de "soldado español", ligado a la valentía y al tesón.[5]

Así, a los cincuenta y ocho años, Bernal comienza a dar cuerpo a una memoria escrituraria que, sobre la base de una memoria oral, suma testimonios y voces ajenas, personajes múltiples, miradas diversas, variadas experiencias. Mucho tiempo después, a los ochenta y cuatro años, único testigo y sobreviviente de aquello que narra, todavía, corrige, borra, agrega y rememora,[6] en el intento de incluirlo todo, y en la certeza de saberse única voz viva, cuyo testimonio puede oponerse al prestigio de la retórica o a la parcialidad de la historiografía relacionada con las biografías ejemplares.[7] No intentamos postular aquí que esta "Historia verdadera" sea efectivamente el recuerdo de aquello ocurrido; más bien intentamos dar cuenta de los mecanismos por medio de los cuales se crea el "efecto de la memoria", que nos llevan a pensar que lo que se relata es verosímil y factible de ser recordado. Es que, en el centro de esta poderosa escritura, se encuentra la disputa por el concepto de verdad. Una verdad problemática porque se enfrenta, en primer término, a las distintas nociones de historiografía que existían en la época[8] y, en segundo término, porque tiene lugar en el entramado del recuerdo surcada por la tensión oralidad-escritura. Este relato, en tanto verdadero, pretende clausurar la discusión en torno a la conquista de México, oponiéndose a los letrados españoles, a los advenedizos de "segunda hora" y a la historia que venera la figura del líder por sobre quienes lo acompañaron, con sus cuerpos y con sus decisiones. Construye entonces una memoria de la totalidad, sostenida por el torrente narrativo y por la exasperante profusión de detalles con que el autor crea un efecto de veracidad para que el lector recorra todo el texto.[9]

Lo indígena: modos de percibir la alteridad en la batalla

Resulta hoy una obviedad señalar que recordar al "otro" permite establecer las fronteras de la identidad. Por eso, queremos incluir el concepto de "focalización", al que se refiere Rolena Adorno (1988) y que tiene en cuenta la noción del punto de vista en el análisis del discurso colonial. En éste, el sujeto colonial no se define según quién es sino según el modo en que mira: se trata de la visión que presenta.[10] En ese sentido creemos que el discurso del colonizador —en el que Bernal se enmarca— se sostiene en los valores de la cultura masculina, caballeresca y cristiana, aunque con distintos matices. En *Historia verdadera* el sujeto colonial mira desde el asombro, el temor y la analogía, evaluando al amerindio según la moral de la cultura europea.[11] Más que un ánimo protoantropológico –como sería el caso de Alvar Nuñez, por ejemplo[12] –lo que mueve a nuestro narrador es un ánimo memorialista. ¿Cómo configurar la propia historia? En este sentido, las referencias al "otro" en la batalla tienen una funcionalidad capital: dan cuenta de la primera persona singular y sobre todo, plural. Por eso cobra especial relevancia la figura del cacique –relacionada, además, con una valoración sobre el indio, que depende de su categoría social y de su amistad o enemistad–. La construcción de "otro" bravío también ayuda a la constitución de la propia imagen: muy valiente debe ser aquél que se enfrenta a estos hombres feroces, antropófagos, idolátricos. Leemos en la *Historia verdadera*:

> Y digo que si nosotros teníamos hecho concierto, que los mexicanos tenían concertado lo mismo, y peleábamos muy bien; más ellos estaban tan fuertes y tenían tantos escuadrones que se remudaban de rato en rato, que aunque estuvieran allí diez mil Héctores troyanos y tantos Roldanes, no les pudieran entrar.

En las imágenes de batalla que colman el relato, el "nosotros" de los soldados, compacto, resulta crucial. Es que este "nosotros" español, enfrentado al "ellos" amerindio, se devela como una antítesis de vital importancia, tanto en la práctica como en el discurso, ya que esta "guerra de sujetos y pronombres" reedita en el presente de la escritura el pasado de la acción. Aquí también –en la escritura– es donde se da cuenta de la imposibilidad de narrarlo todo. Como dice Bernal: "Porque saberlo ahora yo decir cómo pasó y vimos ese tesón en el pelear, digo que no lo sé escribir."

La frase repone, entonces, la tensión presente-pasado/ acción-discurso/ recuerdo-historia y refuerza la antinomia entre el testimonio y la retórica, puesto que si la palabra se revela incapaz de transmitir la experiencia en su complejidad, tanto más es necesaria la voz del testigo para transmitir al menos la intensidad de lo acaecido.[13]

En la descripción del "otro" indígena, el énfasis está puesto en las apariencias: vestimenta, plumas, pinturas, armas; en las semejanzas y diferencias en los modos de guerrear y en las estrategias y tácticas. Así, la vestimenta hace al indígena más o menos salvaje, de acuerdo al modo en que cubra su cuerpo. En efecto, reconocemos en el texto dos tipos de desnudo posible: el desnudo "cultural" del amerindio, que así se viste porque es su costumbre y que señala metonímicamente el supuesto vacío social; y el desnudo "ocasional" del español, relacionado con la necesidad o con el naufragio. Vemos cómo describe Bernal a Jerónimo de Aguilar, en el primer encuentro:

...porque de suyo era moreno y tresquilado a manera de indio esclavo, y traía un remo al hombro, una cotara vieja calzada y la otra atada en la cintura, y una manta vieja muy ruin, y un braguero peor, con que cubría sus vergüenzas.

Ahora bien, lo que prima en la descripción del indígena es la multitud, la cantidad. Si del "lado español" hay un gran cuidado en los detalles, los nombres y las procedencias de cada uno de los soldados —más allá de los capitanes—, del "lado indígena" se verifica un interés por las costumbres generales y por retratar a los caciques importantes. El amerindio sigue siendo un "ellos" colectivo que se construye a través de extrañeza, pero también de la valentía, la fiereza y la intrepidez.

Bien entendido teníamos los que solíamos batallar con indios la mucha multitud que de ellos se suelen juntar, porque por bien que peléasemos y aunque más soldados trajésemos ahora, que habíamos de pasar gran riesgo, especialmente estando en tan fuerte ciudad.[14]

En cuanto a la descripción de los modos de guerrear,[15] debemos distinguir dos momentos. El primero tiene que ver con el comienzo de la historia y allí se relatan infructuosas expediciones. (Recordemos que Bernal forma parte de dos expediciones anteriores a la de Cortés, en 1517 y 1518; toda la primer parte de la *Historia verdadera* narra estos viajes a tierras americanas.) El segundo momento tiene a Cortés como capitán y a Tenochtitlán como eje organizador del relato.[16]

En principio, estos soldados españoles parecen estar desorientados por las estrategias de sus oponentes, que oscilan entre la absoluta evidencia, marcada en el cuerpo por medio de penachos, vestidos y pinturas, y el engaño, basado en el ofrecimiento de comida y cobijo. Bernal no deja de señalar esta tensión entre lo obvio y lo aparente, unidas a las referencias de la sed, el hambre y el propio temor a la muerte, agravado por la imposibilidad lingüística de comunicación. Así, el texto reproduce, en su extensión, el aprendizaje del soldado. Cuando, promediando el relato, entren a Tenochtitlán, conocerán ya las tácticas y secretos de los mexicas. Cierto es que son otras las circunstancias: los tlaxcaltecas los acompañan; Cortés está al mando de la expedición. Sin embargo lo interesante es el modo sutil en que el texto da cuenta de un aprendizaje y una diferencia: la memoria organiza la materia narrada y se propone, entonces, como racconto de los hechos y como huella de la configuración del conocimiento.

La palabra velada: alteridad y traducción

Dijimos ya que la alteridad no sólo se inscribe en el cuerpo sino también (y especialmente) en la lengua. En efecto, otro modo crucial de dar cuenta de estas memorias de batalla es aquél que se relaciona con la acción de nombrar, y con la particular inclusión de la voz indígena. Muchos de los toponímicos se presentan escandidos por luchas y asedios: Punta de Cocotche, Bahía de la Mala Pelea, Puerto de Matanzas. Abundan en la narración referencias a los lugares por los que han pasado y a las maneras en que los han denominado, como modo de marcar las propias huellas en una topografía nueva. Identidad, vicisitudes y batallas se unen en nombres, que van poniendo a cada uno de los lugares por los que pasan (los colonicen o no) y que permanecen así inscriptos en una cartografía que es usada aún en el presente de la enunciación, como Bernal no se cansa de repetir. Esta insistencia permite, además, unir la temporalidad pasada a una temporalidad presente, a partir de los lugares que aún conservan dichas denominaciones. Prender, colonizar, bautizar, es decir, nombrar como si no hubiera

otro nombre antes: este es el gesto colonizador, reiterado desde el primer encuentro y sellado en la palabra escrita.
Sin embargo, aquí también se presentan matices. Uno de los momentos más interesantes para pensar esta memoria de batalla es aquél en el que Bernal relata lo que los mexicas decían para atemorizarlos, cuando los acosan en Tenochtitlán.

Por lo que decían, que aquél día no había de quedar ninguno de nosotros y que habían de sacrificar a sus dioses nuestros corazones y sangre, y con la piernas y los brazos, que bien tendrían para hacer hartazgos y fiestas, y que los cuerpos los echarían a los tigres y leones, víboras y culebras.

Aquí se condensan todos los temores sobre la alteridad, abundantes en el discurso del soldado español: las alimañas, los sacrificios humanos, la idolatría y la antropofagia. Descubrimos entonces que, en la batalla, tan importante es la retórica como la acción, las amenazas como los ataques, y las palabras de Moctezuma a sus súbditos o las de Cortés a los mexicas ocupan un lugar central. Es por eso que resulta necesaria una traducción constante. Bernal entrecomilla, literal y metafóricamente, separando el propio discurso y explicando la voz indígena gracias al tamiz del imaginario propio, inscripto en el lenguaje.[17]

Este modo de nombrar permite reconocer al "otro" pero, al mismo tiempo, impone una distancia. Quizá porque el objetivo de la narración no es preservar sino narrar y, entonces, constituirse como testigo. La escritura se revela, entonces, en el ejercicio mismo, como espacio privilegiado para la memoria.

Notas

[1] En este sentido, puede verse León Portilla, Miguel (2000).
[2] En este punto, la *Historia verdadera* se contrapone a las *Cartas de relación* de Hernán Cortés, que construye, para su legitimación, en base a una primera persona del singular.
[3] Véase a este respecto Adorno, Rolena (1992).
[4] Para ampliar este punto, puede verse Ramírez Cabañas, J. (1944).
[5] No sólo los capitanes y soldados entran en su historia con un capítulo en el que se detallan las "estaturas y proporciones y edades que tuvieron ciertos capitanes valerosos y fuertes soldados que fueron de Cortés", también los caballos tienen un capítulo especial (cf. capítulo 206).
[6] Para un análisis pormenorizado de los "borrones" a los que Bernal mismo alude, véase Glantz, Margo (1992).
[7] Véase Callet Bois, Julio (1961).
[8] Véase Mignolo, Walter (1981).
[9] Para ampliar esta referencia, véase Zanetti- Manzoni (1982).
[10] Leemos en Adorno, Rolena (1988): "¿Cómo concebimos, entonces, el sujeto colonial (en este caso me refiero al colonizador) que es emisor y destinatario de discursos? Para enfocarlo nos remitimos al concepto de focalización: la diferenciación y la relación entre el que ve, la visión que presenta y lo que es visto."
[11] Sobre este tema, véase Leonard, Irving (1996) y Elliot, John H. (1972).
[12] Nos referimos aquí a los *Naufragios*, de Alvar Nuñez Cabeza de Vaca, y a la particular modalización que el narrador hace del "otro" y de sí mismo: modalización que lo diferencia de otros cronistas como Bernal, Cortés o Motolinía, por mencionar sólo algunos.
[13] Cierto que señala que él no lo sabe escribir, pero este sintagma, relacionado con otros que aparecen a lo largo de todo el texto, da cuenta más de una imposibilidad de narrar que de una imposibilidad propia.
[14] Todas las citas están tomadas de Díaz del Castillo, Bernal (1992).
[15] Para ampliar este punto puede verse Clendinnen, Inga (1993). Esta historiadora propone una revisión de la imagen sobre las batallas entre indígenas y españoles, revisión que se basa en una atenta lectura de algunos de los textos que trabajamos aquí.
[16] Tenochtitlan es un eje en varios sentidos: organiza el relato, organiza la conquista y es el eje de la vida para los pueblos del centro de México.
[17] Es permanente la evidencia de las dificultades fonéticas –y por lo tanto, al pasaje entre la oralidad y la escritura–, como también lo es la referencia a la incapacidad de comunicarse sin una lengua compartida.

El morral de la memoria. Observaciones sobre memoria y educación en *Gargantua*

Susana G. Artal
Universidad de Buenos Aires

Navegando en busca del oráculo de la Divina Botella, Pantagruel y sus compañeros avistan la isla de Tapinois, que Xenomanes, "el gran viajero y explorador de los caminos peligrosos",[1] recomienda evitar. En ella reina Quaresmeprenant, cuyo retrato[2] recuerda a Pantagruel los hijos de Antiphysys, Amodunt (Desmesura) y Discordance, es decir, la grotesca encarnación de un organismo antivital. Este ser, que el gigante define como "estrange et monstrueuse membreure d'homme, si homme le doibs nommer" (670-671), posee –se nos dice– la memoria "comme une escharpe" (666).

En esa curiosa comparación, que podría parecer exclusivamente dictada por el gusto de forjar enlaces sorprendentes, creo percibir la persistencia de una de las preocūpaciones centrales de Rabelais: la denuncia de los resultados de un modelo educativo que asimila la memoria humana a un mero reservorio de fórmulas vacías y cuyo objetivo es sustentar el autoritarismo y la censura.

¿*Escharpe* o *gibbessière*?

En su edición de *Œuvres Complètes* de Rabelais, al anotar el significado de la palabra *escharpe* ("gibecière de mendiant", 667,

51

n. 25), punto sobre el cual volveremos, Guy Demerson remite al capítulo XIII de *Gargantua*, en un pasaje del cual, el joven gigante aclara a su padre que no ha compuesto los versos que acaba de recitar, sino que se los ha oído recitar a su madre y los ha retenido en "la gibbessière de ma mémoire" (*G*, 79). La remisión me resulta muy significativa no solo por la semejanza entre las imágenes *mémoire-escharpe* y *mémoire-gibbessière* sino, muy especialmente, por sus diferencias.

Los puntos de contacto entre los dos términos con que se vincula la palabra *mémoire* son bastante evidentes: tanto *escharpe* como *gibbessière* designan bolsas que suelen usarse colgadas del cuerpo. Los dos sintagmas manifiestan claramente, además, la tendencia de Rabelais, tan destacada desde los estudios de Bajtín (1970) en adelante, a transferir los elementos abstractos al plano de lo material: al homologar la memoria con una bolsa, se la está asimilando a una cosa y por extensión, los contenidos de esa memoria quedan también homologados a objetos concretos. Pero más allá de estas similitudes, las características de los personajes a cuyas memorias se aplican ambas asociaciones me llevan a preguntarme hasta qué punto el sentido de esas imágenes es equivalente.

Los diccionarios de francés antiguo consignan que la palabra *escharpe*, muy antigua en francés,[3] proviene de la germánica *skerpa* y designa, más específicamente, un tipo de bolsa: la que los peregrinos llevaban suspendida al cuello y que a menudo cumplía funciones de limosnera.[4] La relación de esta palabra con la peregrinación, práctica que, como el culto de reliquias y la venta de indulgencias, Rabelais condena y satiriza abiertamente (por ejemplo, en el capítulo 38 del *Gargantua*) carga la asociación de connotaciones negativas. Del sustantivo *escharpe* deriva el verbo *escharper* que, además de su acepción más inmediata (colocar ese tipo de bolsa), pasó a tener el significado de robar, por lo que ya hacia el siglo XIV, el sustantivo *escharpelerie* significaba "brigandage, friponnerie" (pillaje, bribonada). Los matices de la comparación *mémoire-escharpe* se agravan aún más si a esas connotaciones moralmente negativas les añadimos la nota concreta de lo que puede ser el contenido de la bolsa de un mendigo: la reunión más o menos caprichosa de lo que otros desechan. Muy distintas son las connotaciones de la palabra *gibbessière*, que deriva del verbo *gibecier* (cazar) y designa el tipo de bolsa llevada por el cazador, por lo que la palabra más cercana en castellano es morral.[5] Como vemos, no sólo el término no encierra ninguna de las notas morales negativas de *escharpe* sino que, por el contrario, el contenido de un morral de cazador se vincula con un elemento francamente positivo en el universo ficcional rabelaisiano: la comida. En oposición al contenido de la bolsa-memoria de Quaresmeprenant, que en el mejor de los casos podríamos calificar de ascético, el de la bolsa-memoria de Gargantua es nutritivo.

Los hombres de las bolsas

La diferencia entre *mémoire-escharpe* y *mémoire-gibbessière* no se sustenta solamente en el plano léxico. En realidad, la información del diccionario confirma lo que surge de una consideración más amplia de los contextos en que ambas imágenes están incluidas pues cada una de estas bolsas-memoria parece diseñada a medida de sus respectivos dueños, Gargantua y Quaresmeprenant, personajes prácticamente antitéticos.

Los diversos planos en que se manifiesta la oposición entre ambos me confirma en la idea de que la diferencia que encuentro entre las imágenes referidas a sus respectivas memorias no es un detalle casual. Para no apartarme del objetivo de este trabajo, señalaré solo algunos de los rasgos que marcan esa oposición. El nombre de Quaresmeprenant, como es evidente, proviene de Cuaresma, período de abstinencia y privaciones, en especial con respecto a los alimentos. Si bien Rabelais no inventó el de Gargantua sino que lo tomó de tradiciones populares y, en particular, del protagonista de las *Grandes et inestimables Cronicques...*,[6] sí se ocupó de dotarlo de una fantasiosa etimología (*G*, cap. VII) que subraya la relación del personaje con la bebida y la comida.[7]

53

Como los nombres, también los colores cumplen la función de signos que evidencian la naturaleza antitética de estos personajes. En el capítulo IX del *Gargantua*, se explica que los colores de la librea del gigante eran el blanco y el azul, porque su padre deseaba dar a entender que ese hijo "le era una alegría celestial: pues el blanco le significaba alegría, placer, delicias y gozo, y el azul cosas celestiales".[8] En el *Quart Livre*, Xenomanes no omite indicar los colores de la librea de Quaresmeprenant: el gris y el frío.[9]

Las diferencias no se limitan, por supuesto, a nombres y colores sino que trascienden al plano de la acción. Gargantua, modelo de príncipe educado de acuerdo con los principios de los humanistas, se convertirá al morir Grandgousier en el generoso y sabio rey de Utopía, la tierra en que ha mandado a edificar la abadía de Thélème, donde los principios de riqueza, libertad y matrimonio suplantan los votos monásticos de pobreza, obediencia y castidad. Quaresmeprenant, en cambio, reina sobre la isla de Tapinois, topónimo relacionado con las expresiones *en tapin* y *en tapinois*, es decir, a escondidas, disimulando.[10] Como se observa en las ediciones críticas, Tapinois es la isla de los temerosos, los beatos y los santurrones.[11]

Educación y memoria

Es interesante observar que la asimilación de la memoria a un objeto material ya había aparecido en *Pantagruel*, el primero de los libros de ficción publicados por Rabelais, donde se afirma que la del protagonista "tenía una capacidad semejante a la de doce odres y algunos botes de aceite de oliva".[12] Si bien no hay en ese pasaje referencia a bolsas de ningún tipo, un rasgo vincula la imagen con la de la *mémoire-gibbessière*: la presencia del campo semántico de los alimentos que permite asociar los contenidos de esa memoria con elementos nutritivos.

Pero además, el contexto en que estas imágenes están incluidas es significativo pues, en ambos casos, se trata de capítulos cruciales en el proceso de la educación de cada uno de los gigantes. En efecto, el pasaje que hemos citado del *Pantagruel* pertenece al capítulo VIII, en que Rabelais expone, a través de la carta dirigida a Pantagruel por su padre, los lineamientos de su ambicioso plan de estudios. La *gibbessière de la mémoire* aparece, como ya señalamos, en el capítulo XIII de *Gargantua*, en el que Grandgousier descubre la inteligencia de su hijo, hecho que lo llevará a la decisión de contratar un preceptor para que el joven gigante comience su educación formal.

En *Gargantua*, los índices que revelan a Grandgousier la inteligencia de su hijo son dos: por un lado, el joven gigante le explica los resultados de la experimentación que le ha permitido hallar el mejor *torche-cul* y por otro, le demuestra su habilidad verbal. Como señala Françoise Charpentier (1988), en el capítulo XIII la etapa de la educación intuitiva de Gargantua concluye exitosamente, con su acceso al control de sus propias funciones físicas y del lenguaje. En ese marco, emplear para la memoria del protagonista una palabra vinculada con la caza cuadra muy bien con su actitud de experimentar con su propio cuerpo, con los objetos y con el lenguaje. Extendiendo la metáfora, podríamos decir que Gargantua ha salido a apropiarse, a "cazar" nada menos que las palabras y las cosas y que en el capítulo XIII exhibe ante su padre los frutos de esa cacería, cuidadosamente guardados en la *gibbessière* de su memoria.

A esa etapa exitosa de la educación del príncipe le sigue en cambio, como se sabe, un fracaso: la enseñanza de los preceptores "sofistas" lo convierte en un perfecto necio, por lo que finalmente, Grandgousier contrata a un nuevo preceptor humanista, Ponocrates, que lleva a la práctica el programa esbozado en el capítulo VIII de *Pantagruel*. En la exposición de los métodos de los "sofistas" y el de Ponocrates, encontraremos más referencias a la memoria, pues ambos programas coinciden en concederle un papel importante en el proceso educativo, solo que, sin duda, lo hacen de manera diferente y con resultados opuestos.

Como irónica muestra de la excelencia del método del primero de los preceptores, Thubal Holoferne,[13] se nos dice que "le enseñó tan bien su abecedario que él [Gargantua] lo recitaba al revés de memoria, lo que le llevó cinco años y tres meses".[14] También le lee los *Modos de la significación*, tratado escolástico de gramática, al que Rabelais le inventa comentaristas de nombres fantasiosos. El estudio de esta obra, que para los humanistas representaba el modelo de los análisis puramente formales, insume al discípulo más de dieciocho años y once meses pero, como prueba del éxito de la empresa, se nos asegura que "lo supo tan bien que [...] lo recitaba de atrás para adelante de memoria".[15]

La desproporción entre el tiempo que requiere cada uno de estos aprendizajes y el ridículo resultado obtenido provoca, naturalmente, risa. Pero, como si el objetivo de recitar de memoria un tratado de gramática no fuera en sí suficientemente inútil, Rabelais lleva el absurdo al extremo de que la meta sea memorizarlo de atrás para adelante, lo que obviamente, priva al texto de significado y muestra claramente que la enseñanza del preceptor "sofista" prescinde del significado incluso de sus propios modelos de análisis.

El sistema de estudio de los sofistas, sátira de los métodos de la escolástica, va en contra de la actitud que Gargantua ha exhibido en el capítulo XIII. No sólo en ese programa la repetición mecánica de los textos remplaza la experimentación y la observación de la realidad que llevaron al gigante a descubrir el *torche-cul*, también la educación del cuerpo es omitida, lo que conduce al desorden físico que evidencia la conducta del protagonista en el capítulo XXI, en que Ponocrates le pide que actúe tal como le enseñaron sus anteriores preceptores para observar por qué se ha vuelto tan "tonto, necio e ignorante".

Por supuesto, el método de enseñanza del preceptor humanista (expuesto en los capítulos XXIII y XXIV) parte de principios opuestos: la repetición mecánica es sustituida por la lectura clara y reflexiva, los conocimientos adquiridos en los textos se complementan y correlacionan con la observación directa de la realidad y la educación de la mente se desarrolla paralelamente a la educación corporal. En este programa, la memoria sigue teniendo un papel importante, lo que lleva por ejemplo, a Harald Weinrich a señalar:

> L'ironie de la chose (moins caractéristique du roman que de l'époque elle-même), c'est que ce nouveau cursus, tout comme l'ancien, suppose, bien que ses contenus soient différents, de gigantesques performances mnésiques. (1999, 69)

En realidad, no solo han cambiado los contenidos –y por lo tanto, la calidad de lo que se memoriza– sino que además, lo que permite verificar el aprendizaje es que el estudiante pueda aplicar esos contenidos a situaciones concretas. Así, se nos dice que cada mañana, Gargantua recitaba las lecciones de la víspera "de memoria" pero "las aplicaba a ejemplos prácticos que conciernen a la vida de los hombres".[16] De este modo, su memoria ha vuelto a ser "nutritiva" como lo era antes de su educación con los sofistas.

Por quién doblan las campanas

¿Cuál habría sido la suerte de Gargantua si no hubiera tenido la fortuna de educarse en la época en que "por la bondad divina, la luz y la dignidad [...] han sido restituidas a las letras"?[17] Rabelais muestra el posible resultado al presentar, en los capítulos XVIII a XX, al que se supone el mejor exponente del modelo pedagógico que combate: Janotus deus Bragmardo, el más competente de los miembros de la Facultad de Teología de París. Este personaje aparece en acción para reclamar la restitución de las campanas de Notre Dame, que Gargantua, recién llegado a París, ha tomado para colocárselas a su yegua.

Su discurso, tan pomposo como absolutamente vacuo, consiste en una mezcla disparatada de fórmulas retóricas, errores groseros de latín y citas de textos eclesiásticos, a tal punto descontextualizados que, en más de una ocasión, sus palabras significan lo contrario de lo que él quiere demostrar.[18] Semejante pieza oratoria parece la exacta ilustración de lo que el sofista ha podido extraer de la "bolsa de su memoria": la acumulación azarosa de fragmentos de conocimiento, privados de significado. Algo que se asemeja mucho más a los contenidos que podemos imaginar propios de la *mémoire-escharpe* de Quaresmeprenant que a los de la *mémoire-gibbessière* de Gargantua.

Pero, como traté de demostrar en un trabajo anterior (Artal, 2000), el enviado de la Sorbonne no es solo ridículo. Hacia el final de su "bella arenga", la mención del humanista napolitano Giovanni-Giovano Pontano, que la Sorbonne habría condenado por herejía, y la referencia a la facilidad con que los "sofistas" fabrican heréticos[19] evidencian que su presuntuosidad y su ignorancia están ligadas al oscurantismo, la persecución y la censura.

El episodio del robo de las campanas de Notre Dame proviene de las *Grandes et inestimables Cronicques...* pero es indudable que al recrearlo, Rabelais le dio una proyección mucho mayor que el simple juego cómico generado por el tamaño y la fuerza descomunales de su personaje. En el *Gargantua*, las campanas se vinculan con la combinación de necedad e intolerancia que se reprocha a la vida monástica, pautada por las horas litúrgicas cuya rigidez absurda denuncia el propio Frère Jean, cuando declara: "Jamás me subordino a horas: las horas están hechas para el hombre y no el hombre para las horas".[20] Por eso, al proyectar la abadía de Thélème, Gargantua declara que no habrá en ella campanas ni relojes pues "la mayor estupidez del mundo era gobernarse por el sonido de una campana y no por el dictado del sentido común y el entendimiento".[21]

Si tenemos en cuenta esta connotación particular de las campanas, marca de una disciplina que se impone al hombre para remplazar el ejercicio del sentido común y el entendimiento, no nos sorprenderá encontrarlas inmediatamente asociadas con la *mémoire-escharpe*, en la definición de las facultades intelectuales de Quaresmeprenant, quien:

> La memoria tenía como *une escharpe*
> El sentido común, como un bordón.
> La imaginación como un repique de campanas.[22]

Notas

[1] "Le grand voyageur et traverseur des voyes périlleuses", FRANÇOIS RABELAIS, *Quart Livre* en *Œuvres Complètes*, ed. de Guy Demerson (1973, 582). En adelante, salvo aclaración, todas las citas corresponden a esa edición y las traducciones son mías. Se emplearán las siguientes abreviaturas: *G = Gargantua*, *P = Pantagruel*, *QL = Quart Livre*.

[2] Sobre este extenso retrato, que ocupa los capítulos XXX a XXXII del *QL* y está dividido en la descripción de partes internas, externas y *contenences*, véase el interesante artículo de Marie Madeleine Fontaine, 1984.

[3] Grandsaignes d'Hauterive (1947) remonta su uso al siglo XI (*Pèlerinage de Charlemagne*) mientras que Greimas (1980) lo registra como de comienzos del XII.

[4] "Sacoche; aumonière suspendue au cou (appliqué spécialem. au pèlerin)" (*DAFMR*).

[5] morral: 2. saco que usan los cazadores, soldados y viandantes, colgado por lo común a la espalda, para echar la caza, llevar provisiones o transportar alguna ropa. (*DRAE*).

[6] El título completo de esta obra (una de las siete crónicas gargantuinas conservadas) es *Les grandes et inestimables Cronicques: du grant et enorme geant Gargantua: Contenant sa genealogie, La grandeur et force de son corps. Aussi les merveilleux faictz darmes qu'il fist pour le Roy Artus, comme verrez cy apres. Imprimé nouvellement. 1532*. Existe una edición contemporánea de las crónicas, a cargo de C. LAUVERGNAT, G. DEMERSON y M. HUCHON: *Chronicques Gargantuines*, Droz, Genève, 1988.

[7] En ese capítulo se narra que recién nacido, el bebé grita: "A boyre, à boyre, à boyre", lo que hace que su padre exclame: "'Que grand tu as' (supple le gousier). Ce que ouyans, les assistants dirent que vrayement il debvoit avoir par ce le nom de Gargantua" (*G*, 59).

[8] "par icelles [couleurs] vouloit son père qu'on entendist que ce luy estoit une joye céleste: car le blanc luy signifioit joye, plaisir, délices et rejouissance, et le bleu choses célestes" (*G*, 66).

[9] "il porte gris et froid, rien davant et rien darrière, et les manches de mesmes" (*QL*, 664).

[10] Expresión que Rabelais emplea, por ejemplo, en el cap. XX de *Gargantua*, justamente para caracterizar la actitud de un personaje que, como veremos más adelante, está relacionado con Quaresmeprenant: Janotus de Bragmardo, quien toma la tela que le han entregado y "Ainsi l'emporta en tapinois, comme feist Patelin son drap" (94).

[11] "Tapinois: dérivé de *en tapin* (cf, *se tapir*), et *en tapinois*, en se dissimulant, c'est le pays des gens craintifs, des bigots scrupuleux." *QL*, Index nominum de la ed. de R. Marichal (1947, 337). Demerson, por su parte, anota: "c'est le pays où l'on agit en se cachant, où l'on craint de se faire voir" (661, n. 2).

[12] "Pantagruel [...] avoit capacité de mémoire à la mesure de douze oyres et botes d'olif" (*P*, 244).

[13] Los nombres de los preceptores son, por supuesto, significativos. Ponocrates significa "el trabajador". Con respecto a Thubal Holoferne, traduzco la nota de la edición de Demerson: "Ese nombre está inspirado en la Biblia: Gog, enemigo de Dios, es príncipe de Tubal (es decir, Confusión) según Ezequiel, 38, 2; en cuanto a Holofernes, se lo tomaba como tipo de los perseguidores del pueblo de Dios (ver Libro de Judith)" (n. 4, pp. 80-81).

[14] "luy aprint sa charte si bien qu'il la disoit par cueur au rebours; et y fut cinq ans et troys mois" (*G*, 81).

[15] "Et le sceut si bien que, [...], il le rendoit par cueur à revers" (81-82).

[16] "Luy-mesmes les disoit par cueur, et y fondoit quelques cas practiques et concernens l'estat humain" (*G*, 107).

[17] "par la bonté divine, la lumière et dignité a esté de mon eage rendue ès lettres" (*P*, 246). Esta nueva era feliz –sin duda, la del humanismo– es definida en la carta de Gargantua a Pantagruel, en oposición a los "tiempos tenebrosos de los godos". Como explica Demerson, los godos representaban para los humanistas la barbarie de la escolástica decadente (*P*, 246, n. 12).

[18] Por ejemplo, al apoyar su pedido en las palabras *Reddite que sunt Caesaris Caesari et que sunt Dei Deo*, el sofista revela la tendencia de los sorbonardos a homologar sus intereses nada menos que con los de dios.

[19] Janotus dice que a los heréticos "nous les faisons comme de cire", es decir, con la misma facilidad con que se modela la cera. (*G*, 93).

[20] "Jamais je ne me assubjectis à heures: les heures sont faictez pour l'homme et non l'homme pour les heures" (*G*, 164).

[21] "la plus grande resverie du monde estoit soy gouverner au son d'une cloche et non au dicté de bon sens et entendement" (*G*, 191).

[22] "La mémoire avoit comme une escharpe.
Le sens commun, comme un bourdon.
L'imagination comme un quarillonnement de cloches." (*QL*, 666).

Cuerpo y proyecto nacional. La ciudad fotográfica de Christiano Junior

Paola Cortés Rocca
Universidad de Buenos Aires - CONICET

Resumen

Los distintos modos de accionar sobre el espacio nacional – los diseños urbanos, el trazado de las vías de comunicación, por ejemplo– hacen del suelo de la patria un territorio que encarna el proyecto de modernización de los '80. Estas configuraciones espaciales definen a su vez, a los sujetos que habitan ese espacio.

El álbum *Vistas y Costumbres de la República Argentina* de Christiano Junior abre un debate político y uno estético o propone un enfrentamiento entre políticas estéticas. La fotografía interviene en el presente y se convierte en memoria visual del futuro, al discutir acerca de cuál es la representación espacial de la nación –pensada como un tipo particular de paisaje, el paisaje urbano– y cuál es el objeto de esa nueva tecnología visual que irrumpe a mediados de siglo.

¿Cuál es exactamente el cuerpo de la patria? ¿Dónde hallar ese cuerpo al que se refiere Halperín Donghi (8) cuando sostiene que "el progreso argentino es la encarnación en el cuerpo de la nación, de lo que comenzó por ser un proyecto formulado en los escritos de algunos argentinos"? ¿Cómo contemplar esa carne en la que se inscribe la fuerza utópica de esas escrituras?

La metáfora del cuerpo social, que se refiere al conjunto de sujetos y también a los valores y creencias que los enlazan, se dirige a una parte del cuerpo de la nación. La corporalidad nacional es algo más que la suma de los sujetos que habitan un país y el arco simbólico que los pone en contacto. El cuerpo de la nación está hecho de sujetos y valores pero también de un territorio que se transforma por las acciones de aquellos que lo habitan y luego, una geografía que transforma a sus habitantes.

El cuerpo de la nación, entonces, no está dado de antemano, no es una página que espera ser escrita por los proyectos. Para escribir sobre el cuerpo de la nación habrá primero que dotar a la patria de algo que no tiene y es precisamente un cuerpo. Habrá que producir un conjunto de operaciones sobre el territorio, para constituirlo, precisamente, como materialidad visible de lo que no puede verse, de aquello que no tiene cuerpo: la nación.

No se trata de sostener una dualidad metafísica entre cuerpo y espíritu, sino de hacer estallar esa dicotomía y destrozar la temporalidad que esa dupla requiere. No hay un proyecto, un espíritu, un conjunto de creencias o de utopías homogéneas que puedan llevarse el título de "espíritu nacional" y luego, entonces, realizarse, encarnarse, materializarse o encontrar un cuerpo que, animado por el espíritu pueda ser referido como el cuerpo de la nación. Se trata más bien de alterar ese recorrido, de hacer estallar la dicotomía y la organización temporal que propone la metáfora.

Quisiera pensar ese cuerpo de la Nación, del que habla Halperín, como un espacio enmarcado en las fronteras nacionales pero que no coincide exactamente con el suelo del país, sino que se constituye como el resultado de un encuentro entre dos acciones: la acción de los sujetos sobre el espacio y la de ese suelo de sentidos, capaz de transformar a los sujetos que lo habitan. Se trata de pensar cómo los diseños urbanos, el trazado de vías de comunicación y también las representaciones de lo nacional realizan un proyecto. No porque el espíritu intangible de la patria exista ya antes y con independencia de ese cuerpo, sino porque la constitución del cuerpo de la nación es en sí "el proyecto nacional". Se trata de pensar cómo esas acciones sobre el territorio lo afectan, lo transforman, y producen zonas como "la ciudad" o "el campo" y luego esas configuraciones definen a los sujetos que habitan allí, al dandy, al gaucho. Ese encuentro entre los sujetos y el territorio no produce la inscripción de un proyecto sobre el cuerpo de la nación, sino que tal proyecto y su realización consisten en el acto mismo de significar, afectar y ser afectado por el territorio. En ese encuentro, en ese chispazo que se produce entre dos acciones que se afectan, entre dos transformaciones que se despliegan, se construye el cuerpo de la nación.

En el recorte y la totalidad que implica la noción de paisaje se juega el proyecto de modernización nacional. Se trata de un proyecto que involucra dos momentos. En primer lugar, recortar, aislar el desierto como paisaje y simultáneamente, presuponerlo como parte de una totalidad que puede ser transformada. En segundo lugar, la constitución de un paisaje urbano. La construcción de un cuerpo nacional –la organización del territorio como cuerpo y como paisaje– adoptará dos formas diferenciadas: los paisajes rurales y los paisajes urbanos.

La ciudad fotográfica

En 1876, Christiano Junior publica *Vistas y Costumbres de la República Argentina*. El álbum contiene 11 estampas que se proponen como síntesis de la representación nacional, son las vistas de la República. Encuadernado en cuero rojo, las tapas del álbum presentan un grabado que anticipa lo que luego explicitarán las imágenes. Se trata de una escena rural: algunos hombres enlazan un toro, otros están arriando ganado y en el centro, junto al título de la obra y el nombre del autor, los paisanos saludan el paso del ferrocarril.

Christiano Junior no pone su cámara al servicio de la ya clásica oposición sarmientina entre civilización y barbarie, entre atraso y progreso o entre ciudad y campo. *Vistas y Costumbres* es mucho más que una puesta en escena de estos binarismos; es la inclusión de esta tensión en la materialidad misma de la imagen. El trabajo de Christiano Junior no deja ver la dicotomía sarmientina, no la representa; el lenguaje fotográfico la enuncia y la constituye como parte de una lucha visual. "Hasta hoi han cuidado poco los artistas de la ILUSTRACION en sus ILUSTRACIONES, presentando únicamente escenas de campo, donde solo se transparenta la vida rústica, prescindiendo de aquellos signos inequívocos del progreso, que elevan sus cúpulas en el centro de las ciudades" (Christiano Junior 1876).[1] El debate se entabla con Benito Panunzi, con los fotógrafos de lo rural. Sin embargo se trata de una polémica que excede a lo temático; Junior no discute solamente cuál es la imagen certera del país en términos de adecuación entre signo y realidad, sino también cuál es la peculiaridad de la representación fotográfica. Cuidar la ilustración en las ilustraciones no es tanto proponer qué ingresa y qué olvida el ojo de la cámara, como postular un debate acerca de cuáles son los materiales de la imagen fotográfica en la década del '70. La discusión acerca de cómo representar lo nacional o cuáles son las vistas y las costumbres de la Argentina abre un debate político y uno estético o propone un enfrentamiento entre políticas estéticas.

Christiano Junior habia sostenido por el reconocimiento institucional, y se refiere a la "benévola acojida que merecieron mis trabajos fotográficos al imparcial jurado de la Exposición Nacional de Córdoba en 1871". El trabajo de Christiano señala un quiebre en el funcionamiento de la práctica fotográfica: en la segunda mitad del siglo, la fotografía se autonomiza, las imágenes ya no se limitan al retrato solicitado por un cliente ni al retrato de ocasiones oficiales. El álbum de Junior y el de Panunzi señalan la constitución de un público específico, así como de instituciones y normas que atribuyen valor a la producción visual.[2]

Y desde este espacio de relativa autonomía, el proyecto *de Vistas y costumbres de la Argentina* es "reunir en una serie de ilustraciones, todo aquello que de notable encierra este hermoso país –tanto en monumentos, como en panoramas de su pintoresca y exuberante naturaleza". Sin embargo, el álbum no se detiene en la llanura, en ríos o montañas. La exuberancia del país se advierte en la Administración de Rentas Nacionales, en el Cabildo o en las calles empedradas de Buenos Aires.

La Estación Central de los Ferrocarriles unidos [fig. 1] nos muestra que el proyecto fotográfico de Christiano no consiste solo en constituir un paisaje y postularlo como *el* paisaje nacional, sino en delinear un *paisaje urbano* y ubicar allí la imagen y la mirada de la Nación. Porque no se trata de contemplar la naturaleza sino de capturar un paisaje, y en el caso de Vistas y costumbres, de hacer de la ciudad, un paisaje particular.

"Estación Central de los Ferro-Carriles Unidos" Fig. 1

Algunas observaciones acerca de la diferencia entre naturaleza y paisaje:

El paisaje no está allí. Un territorio se constituye como paisaje en la medida en que se instala como horizonte de un sentido posible, como horizonte de una mirada. Transformar una geografía en un paisaje implica encontrar las palabras para narrarlo.[3] Construir el cuerpo de la nación es dotar a un terreno chato y vacío del sentido del desierto o inyectar sobre un conjunto de construcciones desperdigadas el relato del urbanismo.

La naturaleza es una unidad "que se expresa en la continuidad de la existencia temporal y espacial" (Simmel 175). El paisaje introduce una contradicción: implica "un recorte de la naturaleza como unidad, lo que es completamente ajeno al concepto de naturaleza" (Simmel 176) y simultáneamente, supone la constitución de una unidad nueva cuyo sentido no surge de cada elemento ni de la suma mecánica de sus partes, sino que se propone como inherente a la totalidad misma.

Por eso, lo que se pone en juego frente a la cámara es un problema de límites. La Estación Central de los Ferrocarriles obliga a un punto de vista extraño, levemente oblicuo, que sea capaz de capturar la imponencia del edificio y de darle un carácter único, de sustraerlo de la monotonía circundante. Sin embargo, aunque el fotógrafo no lo quiera, la arrogancia del progreso no detiene una alteridad que se cuela en los costados de la imagen y que, como una suerte de chiste del azar, deja ver una pequeña carreta en movimiento frente a la quietud del ferrocarril.

Se trata entonces, de construir ese paisaje es decir, de trazar los límites de lo urbano, de instalar la frontera que lo separa de aquello que no es la ciudad y simultáneamente, de encontrar un relato que contenga lo inesperado de un detalle.

Pero, como en juego de cajas chinas, no toda la ciudad es una vista de la República. La cámara del fotógrafo es un guardián frente a las puertas de la imagen. Y no todo permanece del otro lado de la frontera, lo que queda de este lado de la escena, lo que es dado ver se despliega como un repertorio preciso: la Administración de Rentas, la Estación de Ferrocarriles, el edificio de Niños expósitos o el Congreso [fig. 2].

En ese juego de equivalencias entre la legalidad política y la estética que se establece en las "Palabras al público", Christiano Junior hace de la República un escenario urbano y del paisaje urbano, un paisaje institucional. Y si es posible pensar en la utopía o en el infierno de un mundo definido como suma de espacios institucionales, entonces, obviamente se trata de un mundo en el que no ha quedado nadie.

En el corazón mismo de su monumentalidad, el paisaje urbano se exhibe deshabitado. Nadie camina por esas calles empedradas, nadie entra o sale de la Estación de trenes, nadie habita la arrogancia del progreso. La ciudad con la que sueñan las imágenes de Christiano Junior es una ciudad sin sujetos, una maquinaria institucional que funciona sin presencia alguna. La ciudad parece vacía pero no lo está. Está deshabitada, es cierto, pero algo mucho más poderoso la sostiene: son los signos de un progreso, que se imagina, sin subjetividad alguna.

"Congreso"

Fig. 2

Por eso, toda presencia irrumpe como detalle que desestabiliza la vista nacional y si movemos los ojos del centro de la escena, advertimos que esa estampa que lleva el nombre de Congreso incluye dos casas bajas y un balcón con ropa tendida. No hay nadie entrando al edificio de la Ley, tampoco nadie sale. Aunque no parece necesitarlos, el Congreso tiene vecinos y no adquieren la forma de una presencia positiva, sino de un accidente incontrolable, una hilacha de cotidianeidad que irrumpe en el paisaje de instituciones. Y lo hace como si ante un reloj de péndulo descubriéramos las huellas del relojero que luego de darle cuerda se retira, como para no opacar el encanto del mecanismo, para no delatar que de alguien depende que la máquina siga funcionando.

Monumentos e historia

Como si se anticipara a las redes pluviales y eléctricas que obsesionarán al urbanismo de la década siguiente, la república de Junior presupone este entramado. Pero en su mapa no importan los caminos sino las referencias puntuales. La república de Junior es una red cuyas líneas se esfuman para dar lugar solo a los puntos de convergencia, que toman la forma de un repertorio edilicio: la casa de gobierno, la Administración de Rentas, el Congreso, el edificio de Niños expósitos. La ciudad de Junior es un paisaje urbano con una coloración precisa, es un paisaje institucional.

Sin embargo, algo hace saltar esta lista. No es un detalle imprevisto ni un elemento fuera del juego del progreso o de la estética que lo constituye, no se trata de ropa tendida al sol o de un carro que le roba el plano al ferrocarril. Como otro signo arrogante del progreso, la naturaleza ingresa, domesticada, a la ciudad fotográfica bajo la forma de jardines y plazas.

El jardín es una pieza clave de la noción de paisaje urbano. Es un aleph que concentra todas las condiciones para que, allí donde se manifiesta una geografía, pueda leerse un paisaje. "El jardín se halla en el filo ambiguo entre lo material y lo espiritual; entre el arreglo a las normas y el necesario respeto a las leyes naturales; entre la marca de una autoría artística y los requerimientos de posesión territorial de una estructura de clases" (Aliata-Silvestri 27). Históricamente, el jardín barroco —cuyo máximo exponente es Versalles— es el antecedente del urbanismo, anticipa ese gesto que racionaliza el territorio y lo diseña como zona en la que confluyen normas culturales y leyes naturales. "La ciudad en su conjunto, ámbito desconocido hasta entonces por la arquitectura, compuesto por una masa *espontánea* que puede ser asimilada a la floresta, constituirá el campo de prueba de las técnicas de artificioso embellecimiento arquitectónico en la cual se volcarán las experiencias técnicas de organización del jardín barroco" (Aliata-Silvestri 35-36). El urbanismo, entonces, despliega sobre la ciudad una mirada y un modo de accionar sobre el territorio que antes se contenía en el jardín.[4]

Las vistas de Buenos Aires, entonces, incluyen a los jardines de Palermo o a la plaza de Lorea [fig. 3], no como quien deja ver la excepción que confirma una regla, sino el espacio que hizo posible a la ciudad misma. Sin embargo, en el conjunto de estampas urbanas, la plaza Lorea −con sus árboles secos y dispuestos según una organización precisa−, reordena los términos. Lo que vemos en la imagen de la plaza como escenario del tanque que abastece de agua a la ciudad, no es tanto el núcleo o el antecedente del proyecto urbanista, sino la ciudad imponiendo sus leyes. El ojo de Christiano Junior captura la lógica implacable de lo urbano o de los sueños nacionales hechos cuerpo en una ciudad. Una lógica que no deja nada: ni una minúscula extrapolación de lo rural o de la naturaleza puede escapar de la lógica racional de la ciudad.

"Plaza de Lorea" Fig. 3

Los comentarios que acompañan cada imagen, escritos en castellano, francés, inglés y alemán –en ese orden– abundan en detalles técnicos, no sobre la plaza, su historia o el por qué de su ubicación en el entramado urbano, sino sobre el tanque central y el ingeniero que lo construyó.

Dispuesta al intercambio internacional, la República Argentina de Christiano Junior es una geografía de previsibilidades que se ofrece al cálculo y a una técnica que opera sobre el territorio. "Tengo fe en el resultado de esta que llamaré mi campaña artística en el Rio de la Plata", dice el fotógrafo.

Su campaña no es solo, como lo será unos años más tarde la de Roca, un proyecto y una puesta en marcha de la pulverización material y simbólica del territorio vacío. La empresa de Christiano Junior consiste también en dejar ver un nuevo paisaje y producir un modo de contemplarlo.

La fotografía, pero también el ferrocarril, conectan zonas antagónicas, necesariamente contradictorias y lejanas para que conformen un cuerpo nacional. Como la empresa del científico romántico, la empresa fotográfica es un recorrido por los despojos, por lugares que conviven sin relación y con temporalidades distintas. El ojo de la cámara aparece como el sostén perfecto de la mirada nacionalista: una percepción que corre tras la ilusión de las totalidades, intentando estabilizar un sentido que resulta, por momentos, asaltado por el detalle.

Notas

[1] Todas las citas de Christiano Junior pertenecen a "Dos palabras al público", dos páginas sin numerar que anteceden a las fotografías, en el álbum *Vistas y Costumbres de la República Argentina*. Se mantiene la ortografía original.

[2] Christiano Junior (José Christiano de Fritas Henriques) llegó de Brasil y se estableció en Buenos Aires en 1868. Su labor profesional fue intensa: tuvo galerías y estudios en sociedad con Castillo, Melgarejo y Witcomb. En 1871 obtuvo la medalla de oro en la Exposición Nacional de Córdoba y en 1876, un premio similar en la Exposición Científica de Buenos Aires (véase Bécquer Casaballe-Cuarterolo 92).

[3] Es por eso que la noción de paisaje es una noción típicamente moderna porque supone el reconocimiento de la escisión entre sujeto objeto y su carácter doble: el lamento de una pérdida y la promesa de una reconciliación. "Que la parte de un todo se convierta en un todo autónomo, brotando de aquél y pretendiendo frente a él un derecho propio, ésta es quizá la tragedia más fundamental del espíritu en general, que en la modernidad ha conseguido plena repercusión y que ha desgarrado en sí la conducción del proceso cultural" (Simmel 177).

[4] De hecho, la visión plenamente moderna del paisaje se alcanza con el paisajismo inglés. La problemática de la pintura inglesa implica "1) la exasperación romántica de oposiciones no necesariamente originales (tecnología/naturaleza; ciencia/vida; campo/ciudad) que marcan las ideas sobre el territorio hasta nuestros días; 2) tendencia a la indiferenciación entre naturaleza y paisaje, movimiento que culmina a mediados de siglo, en relación al ascenso político de la burguesía ilustrada y su voluntad de naturalizar las relaciones sociales ya impuestas en la sociedad civil, para ocupar el espacio de la aristocracia; 3) articulación de estos temas en sede estético-crítica, en relación a la formación de una esfera pública, imprimiendo a la idea de paisaje valores morales liberales que aún continúan inspirando la acción progresista sobre el territorio.

Vocabulario Argentino de Diego Díaz Salazar. Un archivo de la memoria

Raúl Illescas
Universidad de Buenos Aires

Cuando pensamos en el término "memoria" o en la acción "hacer memoria", equívocamente puede relacionarse con un ejercicio espontáneo. Por el contrario la memoria que implica el pasado –pero que no es el pasado– es una actividad que conlleva más de una operación.

Recordar, olvidar son algunas de las más importantes operaciones que se ponen en juego, y que permiten que la memoria haga surgir el pasado. De este modo la memoria se hace en el presente, es un *constructo*.

La memoria –siempre conflictiva, nunca lineal ni meramente acumulativa– es dinámica y producto de una selección de construcciones de sentido de sucesos del pasado. Mediante la memoria el pasado cobra sentido a partir de la elaboración de significados.

Asimismo "hacer memoria" implica "hacer olvido"; y "hacer memoria", "recuperar el pasado" puede ser la intención de una persona o de una sociedad donde el rescate, la recuperación y la restitución son aspiraciones y maneras de otorgarle significación al pasado.

Por último y considerando la memoria como una construcción de presente, ésta permite entrever las condiciones de posibilidad del futuro. La memoria plantea entonces, una vinculación explícita con la construcción de la identidad.

De allí este trabajo –y la investigación en curso– tiene como propósito la recuperación de la memoria de la inmigración que se produjo en la República Argentina entre 1880 y 1914, puesto que la Primera Guerra Mundial clausuró esta etapa de la inmigración.

Tarea que centra su atención en las comunidades española e italiana, que tuvieron mayor presencia en nuestro país, sin olvidar por ello a franceses, judíos, ingleses, turcos, árabes, alemanes, rusos, etc., cuya cultura modeló nuestro país, y le otorgó –en especial– un perfil de "Babel sudamericana" a la ciudad de Buenos Aires.

No se puede soslayar que este período inmigratorio es fruto de una decisión política de la clase dominante que en 1880 se corporiza de modo impensado. A partir de esta fecha se puede hablar de un "aluvión inmigratorio", que mermará –en una primera etapa– recién con el comienzo de la Primera Guerra Mundial, hacia 1914. (Ya en vísperas de *El Centenario*, en 1910, la ciudad de Buenos Aires reconocía una población extranjera del 46%, porcentaje del cual, prácticamente la mitad eran italianos y un 25%, españoles.[1])

Hay diversos modos de recuperar la memoria de la inmigración, fundamentalmente desde dos instancias: la memoria individual y la memoria colectiva. Diversas fuentes nos permiten acercarnos y analizar la situación de los recién venidos. Podemos mencionar los diarios de viajes, las crónicas personales, la literatura epistolar, las fotografías, los datos demográficos consignados en censos, actas parroquiales y el Registro Civil; en las publicaciones periódicas que produjeron las distintas comunidades, en la prensa de la época, la literatura que propuso la Generación del '80, las diferentes lecturas históricas, que dan cuenta de las precisas posiciones adoptadas por un fragmento social claramente xenófobo y clasista, y del amplio abanico ideológico que propuso la pujante inmigración.

Es imprescindible además, leer la Ley, ya sea desde el *Preámbulo de la Constitución Nacional* (1853), ya desde la *Ley de Residencia* (1902) y de *Defensa Social* (1910). Estos tres momentos señalan el arco de posibilidades que el estado argentino fue acotando en términos de inmigración.[2]

A todas las fuentes enunciadas podemos sumar otra que reside en la lectura de un corpus de textos, que está conformado por diccionarios, manuales y vocabularios que se produjeron a partir de la profusa inmigración que llegó a la República Argentina en el mencionado período. Estos materiales fueron pensados en muchos casos, desde la órbita de los estados nacionales (incluido el argentino) como una contribución a este proceso de migración de Europa hacia América.

De alguna manera, cada uno de estos textos ayudan a completar el conocimiento que se tiene del proceso inmigratorio a fines del siglo XIX y principios del XX. Los alcances de estos materiales resultan inciertos; se presentan –en principio– como una herramienta fundamental para aquellos que llegaban a la República Argentina e intentaban sumarse a la población estable. Por ello es necesario pensar en inmigrantes, con pasaje de tercera categoría y no en viajeros, que lo hacían en primera o segunda. En este caso algunos textos funcionan como llaves que permiten al inmigrante el ingreso a un nuevo mundo, que le posibilitará el acceso a equivalencias con su lengua materna, y que descubrirá la incógnita de esta "nueva" lengua. (Esta situación resulta decisiva incluso para los españoles que reconocían que este modo rioplatense distaba del español peninsular.)

Pero otros textos se producen como la más fuerte reivindicación de la nacionalidad a partir de la lengua, amenazada por extranjeros con boleto de última clase.

Sin embargo estos diccionarios, manuales y vocabularios generan preguntas que forman parte de la investigación en curso y que tienen otras implicancias. ¿Quiénes podían leer efectivamente estos materiales? ¿Cuál fue el alcance de estas publicaciones? ¿En qué medida gravitaron en la gran masa migratoria? Y en lo que se refiere a la conformación de cada uno de estos textos podemos preguntarnos cómo se constituyen.

Para ello tomaremos el trabajo de Diego Díaz Salazar (cuyo verdadero nombre era Miguel Toledano): *Vocabulario Argentino*. Impreso en 1911 y editado por la *Editorial Hispano-Argen-*

tina reconoce dos casas, una en Buenos Aires y la otra en Barcelona. Díaz Salazar subtitula el trabajo como: *Neologismos: Refranes. Frases Familiares: & & usados en la Argentina*. Técnicamente el texto puede ser considerado un diccionarios monolingüe, aunque las intenciones y los intereses planteados en el prólogo o introducción –que preceden al diccionario propiamente dicho– no coincidirían con este concepto. La articulación entre el diccionario y su prólogo permite leer una teoría o marco programático que, en la puesta en práctica, no siempre se logra.

El trabajo de Díaz Salazar se abre con una *Advertencia* a cargo de los editores que ayuda a comprender la afirmación anterior.

Personas, que han aplaudido como un acierto, la inclusión de un Vocabulario argentino en nuestra *Guía Práctica Ilustrada del Español en la Argentina*, nos han determinado con sus consejos á hacer por separado esta edición popular, de fácil manejo y adquisición, del repertorio de argentinismos, formado por el Sr. Diego Díaz Salazar.

Teniendo en cuenta el fin á que se destinaba, hemos cuidado ante todo hacer un librito de bolsillo, para que los que lo necesiten de su ayuda puedan llevarlo constantemente consigo y consultarlo con prontitud.

El *Vocabulario Argentino* tiene un prólogo programático: *JUSTIFICACIÓN. Cómo y por qué se ha hecho este Vocabulario*, en el que se delimitan zonas precisas –y aunque hablamos de un vocabulario monolingüe español, las partes que lo conforman no estarían hablando el mismo idioma–, en el que se asiste a la oficialización de la barbarie. A partir de ello podemos observar cómo Díaz Salazar establece un diálogo entre argentinos y españoles, es decir, entre representantes nacionales

...el irremediable enojo que muchos muestran al percatarse de que el lenguaje de aquí se aparta en algo, y aun algos, del puro idioma castellano, que nuestra vieja Academia de la Lengua limpia, fija y pulimenta, con sano empeño, que fuera también loable, si fuesen más sus aciertos.

Los españoles más razonables, no tardan en darse cuenta por sí mismos, del sinnúmero de causas que originaron ha tiempo, y acentúan cada día, el apartamiento del lenguaje que aquí en la Argentina corre del castellano castizo.

...no sólo aquellas voces y giros que es de razón aprender, sino hasta los vocablos disparatados y absurdos y las frases sin sentido, á que el vulgo zafio y los malos escritores han podido dar carta de naturaleza, aprovechando el libertinaje, que defienden y fomentan, torpemente, los que creen que se habrá hecho un idioma argentino, cuando se haya adulterado y pervertido todo el léxico español y todas las reglas de nuestra gramática oficial.

Hay un intento de Diego Díaz Salazar, de explicar el estado de la lengua en la República Argentina a partir del ingreso de voces extranjeras.

Libres los argentinos de la rémora de una Academia rutinaria é intransigente y del respeto ilógico, por exagerado, á una clásica verdaderamente suya, no han tenido reparo en dejar que las literaturas extrañas que más se aprecian en el país, y los extranjeros, no españoles, que en la Argentina viven, hayan ido adulterando poco á poco el idioma que de nuestros padres heredaron los americanos.

Más diré, lo que para muchos ha sido mera tolerancia é indiferencia, para algunos se ha convertido en obstinado manifiesto empeño de hacer un idioma argentino aprovechando elemento de diversas lenguas.

Subyace en el texto la idea de préstamo lingüístico.[3]

Repasando este VOCABULARIO se apreciará fácilmente que es cierta mi afirmación. En cada página se hallarán voces corrientes en la Argentina, que no son sino vocablos exóticos que han pasado á substituir, á veces sin castellanizarse, á palabras españolas que ya muy pocos entenderían, caso de que alguno las usara.

Esto le permitirá al autor explicitar en el prólogo el criterio en que confecciona el *Vocabulario Argentino*.

Aunque los argentinos son pródigos en el empleo de voces extrañas á nuestra lengua, especialmente de *italianismos, galicismos* y *anglicismos*, nosotros hemos eliminado todas aquellas voces ajenas que se usan aquí, como en España, conservando la ortografía y todos sus caracteres de vocablos exóticos.[4]

Los barbarismos que se han españolizado en la Argentina, los hemos incluidos como verdaderos argentinismos.[5]

77

Díaz Salazar incorpora la idea de lunfardo o argot argentino como lo denomina, e informa

(...) se han incluído en el *Vocabulario* todas las palabras ó frases que se usan corrientemente hasta las personas más cultas, y se han excluído aquellas que son como el patrimonio (poco envidiable, por cierto) de la gente maleante, que aquí como en todas partes, tiene una jerga propia...

Por último reconoce que ciertos vocablos argentinos no los define detalladamente por el espacio de que disponía y nos remite a Tobías Garzón.[6]

¿Cómo se conforma el vocabulario de Díaz Salazar? Para responderlo tomaremos algunas voces que nos permitirán señalar algunas características y extraer algunas conclusiones.

Actuación s.f. Gestión, figuración. // For pl. Autos ó diligencias de un procedimiento judicial.
Agente s.m. Empleado subalterno del cuerpo de seguridad; guardia.
Bochinche s.m. Alboroto. Desorden. Vocerío.
Bolada s.f.fig. y fam. Suerte favorable// *Aprovechar la bolada.* Sacar el mejor partido posible de una negociación ú oportunidad ventajosa.
Bomba. Estar en bomba fig. y fam. Estar borracho.
Bombo. Irse uno al bombo. fr.fig. y fam. Frustrarse un intento, fracasar, hacer quiebra en un negocio.
Calote s.m. Timo, engaño, chasco para obtener provecho por malas artes.
Capacha s.f.fig. y fam. La cárcel.
Carnero. Cantar uno para el carnero. fr.fig y fam. Agonizar// Por extensión. Fracasar en un negocio.
Chafe ó **Chafo** s.m.fam. Polizonte.
Chicana s.f. Enredo, embrollo, mentira.
Chirola s.f. Moneda de poco valor..
Chupar v.n.fam. Beber con exceso.
Coima s.f.fig. y fam. Cohecho.
Comisario s.m. Empleado policial con atribuciones análogas á las de los inspectores españoles.
Declaratoria s.f. Declaración.
Egresar v.n. Salir de un establecimiento de enseñanza con los estudios terminados.

Espiantar v.a. Huir. U.t.c.r. //Hurtar.//Salir espulsado de un sitio.
Financista s.m. Hacendista.
Finanzas s.f.pl. Rentas Públicas. Es galicismo corriente.
Gurupí s.m. Gancho de las subastas y remates. Hombre pagado para que haga falsas pujas que aumenten el valor de la cosa que se subasta.
Llapa s.f. *Yapa.* Aunque la forma más corriente es *yapa*, no es raro ver escrito *llapa*.
Macha s.f. Borrachera.
Matufia s.f. Engaño, fraude.
Milico s.m. fam. Miliciano//Soldado//Polizonte.
Nacional s.m. Un peso papel.
Ñudo. Al ñudo m.adv.fam. Inútilmente. En vano.// **El que nace barrigón es el ñudo que se apriete.** Refrán que expresa la imposibilidad de cambiar la condición ó los defectos naturales.
Patota s.f. Pandilla de gente alborotadora y pendenciera// Especie de partida de la porra.
Pechar v.a.fig. y fam. Pedir dinero prestado. Equivale á la voz española *sablear.*
Pichincha s.f. compra ventajosa; ganga.
Piolita. ¡a mi con la piolita! fr.fig. y fam. Con la que se quiere indicar que se está apercibido para o ser víctima de un engaño ó jugada que otro prepara.
Planazo s.m. Cintarazo.
Pueblada s.f. Algarada, motín, levantamiento popular.
Pusuquear v.n.fam. Vivir de gorra.
Quilombo s.m. Lupanar //fig. y fam. Lugar donde se advierte desconcierto y desorden. Burdel.
Safarse v.r. Descarriarse, insolentarse.
Taba. Tirar la taba. fr.fig. y fam. Vale tanto como nuestra frase *liarse la manta á la cabeza* / / **Volverse, cambiarse o darse vuelta la taba.** Cambiar la suerte.
Vuelto s.m. Los argentinos han hecho masculino el sustantivo *vuelta*; cantidad que se vuelve al pagar una cosa da más dinero que el convenido como precio.
Yapa s.f. Adehala. Obsequio insignificante que el vendedor hace al comprador. // Añadidura. Usase frecuentemente en sentido figurado en frases como la siguiente: *Le insultó y de **yapa** le dió un palo.*

El análisis hasta aquí del *Vocabulario Argentino* de Diego Días Salazar nos permite señalar algunas características. En primer lugar que las voces escogidas son términos, locuciones o modismos. En segundo lugar que en muchos casos la definición no da cuenta necesariamente del objeto al cual se refiere sino del uso que a ese término o voz se le da en una interacción precisa (recordemos el ejemplo de "bombo", "carnero", "piolita" o "taba", por ejemplo.) Esto nos permitirá establecer que la conformación del vocabulario está organizada a partir de dos esferas muy precisas: la administrativa-comercial –válida tanto para viajeros como para emigrados– y la jurídica, imprescindible para quienes venían a vender su fuerza laboral.

Para ello debemos recuperar la noción de inmigrante que en cualquier tiempo y en cualquier lugar intenta materializar los sueños de bienestar que por causas económicas o políticas, le negó su lugar de origen. El inmigrante como tal es entonces un sujeto escindido cuya ideología, historia y hábitos no son considerados capital cultural correcto para esta nueva situación. El recién venido en su condición de *extranjero* tiene la necesidad de comunicarse de inmediato para asimilarse en el nuevo lugar. En este punto es necesario diferenciar la *urgencia lingüística* en el caso de los inmigrantes, y el *buen desempeño comunicativo* para el viajero que tiene requerimientos distintos.

La *urgencia lingüística* se verifica lexicográficamente en el texto de Díaz Salazar a partir de dos operaciones fundamentales, que el autor define en términos de particularización y de sinonimia. La particularización es la forma de acotar las acepciones y definir en función de las dos esferas –económica y jurídica– que le interesan a Díaz Salazar. La sinonimia opera como el modo constitutivo del vocabulario. Como sabemos el sinónimo es la forma más elemental de traducción, es el medio más rápido y efectivo, y ayudaría a acotar el malentendido y a conseguir una interacción correcta. Como afirma el teórico Ignacio Bosque (1982)[7], podemos decir que no existe la sinonimia absoluta, y es concreto que mediante aquella se ve una intención por detener la semiosis que produciría una reinterpretación del orden, de su intento por armonizar esos dos universos en tensión. Como contrapartida, tanto la definición de particularidad y aún más, la sinonimia preparan al inmigrante como dijimos, para el disciplinamiento social desde la lengua.

Para finalizar podemos observar cómo el *Vocabulario Argentino* de Diego Díaz Salazar como ejemplo de textos producidos a propósito de la inmigración, se constituye en una herramienta válida para analizar aquella época. Allí podemos reconocer el modo en que fue pensado el proceso inmigratorio por las clases dirigentes. Verificamos la importante mediación de la lengua para el inmigrante ya que —traducción[8] mediante— lo incorpora a este espacio nuevo pero le marca con precisión los límites, las formas de comportamiento imprescindible y el reconocimiento de la condición de extranjero para insertarse y poder entonces, vender su fuerza de trabajo.

Notas

[1] Ciudad de Buenos Aires, Censo Municipal de... 1909.

[2] El Preámbulo de la Constitución de 1853 de modo amplio y voluntarista afirma: "...a todos los hombres de buena voluntad que quieran habitar el suelo argentino". A partir de 1880 el proyecto inmigratorio es reformulado o ajustado ante las evaluaciones que la clase dirigente hacía. Por ello la Ley Cané o de Residencia, acotaba y precisaba el gesto fraterno enunciado por la Constitución alegando: "Artículo 2: El Poder Ejecutivo podrá ordenar las salida de todo extranjero cuya conducta comprometa la seguridad nacional o perturbe el orden público".

De manera precisa se reglamentaba el proceder y las actividades de los extranjeros como producto de un gesto nacionalista de clase más preciso, menos fraterno; y se diferenciaba entonces la condición de *extranjero*, de otro-diferente, y su comportamiento determinaba la permanencia del mismo en el país. (Proyecto de la ley N° 4.144, llamada "ley de residencia", que el Congreso Nacional sancionó el 22 de noviembre de 1902.)

[3] David Cristal en su *Diccionario de lingüística y fonética* (Barcelona, Octaedro,1997) define el concepto de *préstamo* como una "unidad lingüística que se usa en una lengua o dialecto distinto de aquel en que se originó."

[4] Foot-ball, toillette, snob, etc.

[5] Afiche, motorman, tramway, conscripto, etc.

[6] Garzón, Tobías *Diccionario Argentino*, Barcelona, Imprenta Elzeviriana de Borrás y Mestres, 1910.

[7] Bosque, Ignacio, 1982, "Sobre la teoría de la definición lexicográfica" en: *Verba*, 9, 1982, pp. 105-123.

[8] La traducción se asocia no sólo con la sinonimia sino también con la urgencia lingüística porque como afirma Bajtin "comunicar es situarse socialmente." (Bajtin, Mijail, 1956, *Estética de la creación verbal*, México, Siglo XXI, 1982.)

La traducción como rescate de la memoria identitaria en *dibaxu* de Juan Gelman

Lucila Pagliai
Universidad de Buenos Aires
CONICET

Consideraciones preliminares

La hipótesis central de este trabajo –avalada por los paratextos de *dibaxu*– es que el texto bilingüe sefaradí-castellano que conforma el poemario de Juan Gelman es una traducción intralingüística en la dimensión diacrónica –en tanto acto deliberado de reformulación de dos momentos de la misma lengua–, que apunta a anclar la memoria del poeta en la nación cultural de la lengua castellana, herramienta privilegiada de transmisión de su palabra exiliar, fuente insustituible de pertenencia y reafirmación de la identidad.

La traducción como proceso y como producto –excluyo aquí a las automatizadas– proviene de un acto íntimo y genera un hecho social. En todo acto de traducir se produce el juego de la existencia simultánea de un lector/receptor del texto fuente y de un productor/emisor de un nuevo texto que reconoce su origen en aquella lectura del original. En cuanto a la traducción literaria –"diáspora de la escritura" en la feliz imagen de Romano Sued (1995)– constituye un fenómeno y una actividad ligada al intercambio entre los pueblos; como tal, su especificidad consiste en transferir un texto de una lengua a otra, produciendo en la cultura receptora un nuevo objeto que, por la multiplicidad de factores en juego, diverge necesariamente del que proviene, e introduce o renueva con su sola presencia, la compleja dialéctica entre el original y la traducción.

Esa migración del original hacia otro polisistema literario y cultural (Even-Zohar 1978) se vuelve aún más peculiar cuando la traducción es el producto de una mirada interna, la del autor traductor: tal el caso de *dibaxu*, reformulación de un "original" declaradamente escrito en sefaradí que encara el propio Gelman y cuyos productos opta por exhibir en edición bilingüe.

Sin embargo, *por debajo* de esta relación original/traducción expuesta con tanta claridad en los paratextos del poemario, un recorrido por la obra del autor desde una perspectiva crítico-genética conduce necesariamente a la formulación de varias preguntas: ¿en qué momento de su producción se sitúa *dibaxu*? ¿con quiénes dialoga? ¿a quiénes reescribe? ¿qué intertextos privilegia? ¿por qué Gelman, poeta irreductible en lengua castellana, elige el sefaradí como única lengua *otra*? ¿qué rastros persigue con esta arqueología de la palabra? ¿cuál es la traducción? ¿de qué original?

Los intertextos de *dibaxu*

Con respecto a la relación de Gelman con la literatura sefardí y con la traducción como práctica de escritura, me centré especialmente en tres libros de poemas que, por su cercanía temporal o circunstancial con *dibaxu*, ofrecen pistas interesantes en su génesis de escritura. Me refiero a *Citas y Comentarios*, escritos entre 1978 y 1979, es decir en pleno exilio del poeta; y a *com/posiciones*, escrito en París y Ginebra entre 1983 y 1984. Es importante retener que Gelman fecha *dibaxu* entre 1983 y 1985, es decir en un espacio de producción contemporánea de *com/posiciones*.

Desde el primer acercamiento, *dibaxu* ofrece un material de análisis relevante a través de paratextos –el título, la dedicatoria, el prólogo al que Gelman denomina "Escolio"– que anuncian al lector con sobria sutileza la profundidad del texto y sus caminos; de ellos me ocuparé por separado.

El título, escrito en minúscula –signo gráfico indicador de continuidad sintáctica– y en sefardí –lengua viva y al mismo tiempo cristalizada, testimonial del exilio y de la diáspora–, da cuenta de un fluir, de una tradición continuada de lenguaje y, por lo tanto, de pensamiento y emoción, de creación y de cultura. La irradiación semántica de esa palabra inicial/indicial apronta al lector para abordar un texto señalado por lo otro que subyace, por el sustrato, la raíz, el anclaje, la memoria, el resto escamoteado.

Gelman dedica *dibaxu* a Aurora Bernárdez y explica sus razones: porque fue ella quien lo "introdujo en la poesía de Clarisse Nikoïdiski, diáfana como el fuego"; y por una suerte de no dicho a voces, guiño cómplice que expresa las marcas de una sumatoria, de una relación de continuidad ("además"): Bernárdez compartió en París con Gelman el oficio de traducir; es la depositaria y albacea de la obra de Cortázar; sostiene como tal su memoria literaria; develó para Gelman otro modo de incursión en el riesgo del lenguaje: habrá que esperar al "Escolio" para saber que Nikoïdiski es una poeta francesa que escribió en sefardí.

Como ya adelanté, Gelman llama al prólogo "Escolio", palabra que el diccionario de la Real Academia Española define como "nota que se pone a un texto para explicarlo". Del latín *scholium* y del griego *skólion*, "comentario". Con la elección de este término Gelman logra al menos dos efectos: uno, de distanciamiento –como el del sefardí con el castellano actual– al no utilizar un término habitual; otro, de precisión, ya que se trata efectivamente de una explicación necesaria para abordar el texto. y de un comentario a la manera clásica: una forma de traducir un texto a partir de una reformulación, de una síntesis de lo que el comentarista había entendido, recordaba o quería destacar de lo dicho por el autor en el original (así, por ejemplo, traducía Freud en su juventud). Este comentario –umbral y pasaje hacia los poemas bilingües– concluye con un pedido que otorga, con sutil delicadeza, una clave de lectura: "Acompaño los textos en castellano actual no por desconfianza en la inteligencia del lector. A quien ruego que los lea en voz alta en un castellano y en el otro para escuchar, tal vez, entre los dos sonidos, algo del tiempo que tiembla y que nos da pasado desde el Cid" (*dibaxu*, 7).

En los paratextos de *dibaxu* hay dos intertextos declarados: la obra de Clarisse Nikoïdiski y *Citas y Comentarios* (publicados estos últimos en *Interrupciones I*); nada en cambio se dice allí de otro texto de Gelman, *com/posiciones* publicado en *Interrupciones II*, del que me ocuparé más adelante. El "Escolio" de *dibaxu* da cuenta explícita de la relación intertextual con *Citas y Comentarios*: "...estos poemas, sobre todo, son la culminación o más bien el desemboque de *Citas y Comentarios*, dos libros que compuse en pleno exilio, en 1978 y 79, y cuyos textos dialogan con el castellano del siglo XVI. Como si buscar el sustrato de ese castellano, sustrato a su vez del nuestro, hubiese sido mi obsesión. Como si la soledad extrema del exilio me empujara a buscar raíces en la lengua, las más profundas y exiliadas de la lengua." (7)

En esa línea, *Citas y Comentarios* –cuya fuente principal de diálogo son Santa Teresa y San Juan de la Cruz– plantean una cuestión interesante: es la interlocución profunda la que permite la reformulación, no la traslación fiel de lo aparente. En tanto traducción a la lengua del poeta de un original en otra que no es la suya, *dibaxu* produce en el lector el mismo efecto de interlocución profunda con lo otro vecino, con lo propio alejado, el mismo eco de una rescritura, en este caso difusa e inquietante, por esa suerte de ambigüedad que la atraviesa (¿cuál de cuál?).

Nada sin embargo hace referencia a *com/posiciones* en los paratextos de *dibaxu*. Es curioso que Gelman no nombre allí a ese libro: fue escrito paralelamente y muestra algunos recursos comunes notorios con *dibaxu* (la puntuación, el uso de las minúsculas como idea de continuidad, el "exergo") e intenciones semejantes a *Citas y Comentarios*, producidos con anterioridad: traducir/ reescribir/ reformular a sus contemporáneos en la visión exiliar, aunque sean poetas de otras épocas. Se trata, en su mayoría, de obras de poetas judíos mediterráneos medievales y del siglo XVI –también hay Salmos rescritos de David–, a las que Gelman, en su mayoría, ha leído en traducciones: "llamo *com/posiciones* a los poemas que siguen porque los he com/puesto, es decir, puse cosas de mí en los textos que grandes poetas escribieron hace siglos. (...) en todo caso, dialogué con ellos, como ellos hicieron conmigo desde el polvo de sus huesos y el esplendor de sus palabras." ("exergo", 173).

Con esto, Gelman se inserta en la tradición de la traducción como "afinidad electiva" más que como problemática de la "fidelidad" al original, ligándose a escritores como Fitzgerald cuya traducción de las *Rubbayat* instala a Omar Khayann en occidente; o Borges cuya peculiar relación con las fuentes lleva al extremo la práctica de la reescritura, mina el concepto de autoría/autoridad y coloca a la traducción como problema central de la filosofía (cfr. Derrida 1981).

Como ya he adelantado, en *com/posiciones* –la resonancia con el "Escolio" de *dibaxu* se hace inevitable– el prólogo se llama "exergo": "fuera de la obra", el nombre de la ceca de la moneda, la casa donde se la acuña, el otro lado de la unidad. También aquí, lo mismo que en los otros paratextos de *dibaxu*, Gelman recurre a idéntica retórica del oxímoron: "oscura su luz, clara su oscuridad" ("diáfana como el fuego", en la dedicatoria de *dibaxu*); y a conceptos de la misma irradiación semántica: "me dan pasado, rodean mi presente, regalan mi porvenir" ("algo del tiempo que tiembla y nos da pasado", en el "Escolio" de *dibaxu*).

Por último, desde el punto de vista de las fechas declaradas de escritura de *com/posiciones* y *dibaxu* –según Almuth Grésillon, al hablar de su propia actividad los escritores son, a su modo, los primeros genetistas–, en el final del "exergo" aparece una referencia particularmente interesante que refuerza la idea de intertexto escamoteado: "traducir es inhumano: ninguna lengua o rostro se deja traducir. hay que dejar esa belleza intacta y poner otra para acompañarla: su perdida unidad está adelante. lo de la torre de babel fue eso: no discordia esencial sino ciencia parcial de la palabra." (173-174).

En esa línea, para Gelman –lo mismo que para Derrida–, el original y sus traducciones definirían y redefinirían una "mismidad" que nunca existió ni va a existir como algo fijo, conocido o comprendido: "con cada lengua, cada grupo humano abrió una boca para que el vuelo sea posible y compruebe a cada instante su lentitud, y cómo se desangra y lo que hay que trabajar" ("exergo", 173).

Memoria y olvido: la traducción como pasaje

A pesar de lo dicho, toda traducción busca producir, en mayor o menor grado, el efecto del original; en la búsqueda de ese efecto, *dibaxu* se exhibe como ejemplo extremo de la delgada y compleja cornisa intersemiótica por la que transita la traducción entre un texto-fuente y un texto-meta, al poner en relación textos de un mismo polisistema literario y cultural en el *continuum* de la lengua, partido por el tiempo y los procesos de la historia en dos polisistemas diferentes –vecinos pero ajenos– que, como tales, habilitan actos de traducción.

Es así como *dibaxu*, en tanto acto de pasaje entre un castellano antiguo (vivo) y un castellano actual (vigente), se instala como proceso de escritura en la dialéctica entre continuidad y hiato, perduración y disolución, centro y margen, memoria y olvido. Traducir equivaldría entonces a transmitir la memoria de una genealogía ("Pregunta a tu padre y él te revelará y pregunta a tus Ancianos y ellos te dirán." *Deuteronomio*, 32, 7).

Ante la amenaza de reducción a la nada marcada por el exilio, Gelman opta por transferir la tensión universalidad / particularidad del habla poética al plano de la lengua; retorna para ello a las "primeras identificaciones" (Hassoun 1996) que –"en tiempos de crisis, de vacilación de las referencias, o de irrupción de la barbarie y del afecto o de la pasión en la escena de la política"– remiten a la identidad atacada para poder "dar a ver y a escuchar sin discontinuidad, la apariencia de su particularismo" (92). Es en esa línea de pensamiento que el olvido –como realidad o como amenaza– se vuelve "fecundo": "Trabajados por el olvido es como significamos nuestra existencia. (...) si 'el inconsciente no es perder la memoria sino no recordar lo que se sabe', el olvido se constituye como un saber. Del mismo modo, es esa porción de no-recuerdo que trabaja y fecunda nuestro discurso (...)." (64).

A partir de estas definiciones, Hassoun aborda un concepto que me parece de particular interés para la traducción sefaradí/ castellano de los textos de *dibaxu*: "las lenguas del olvido", "aquellas lenguas, aquellas palabras que el niño escucha sin comprender y que ritman los pequeños y grandes acontecimientos de su primera infancia." (...) "No comprendemos de dónde nos viene esa palabra, ese vocablo, esa expresión en desuso: nos es tan extranjera como un dialecto olvidado, pulverizado por la lengua académica dominante" (65).

Siguiendo esa línea de indagación conceptual, diría que el acto de traducción de *dibaxu* sustenta una necesidad personal y un ofrecimiento colectivo: el rescate del sefaradí como "lengua olvidada", a la que Gelman instituye como tal en tanto punto de encuentro –propio y compartido– con emociones arcaicas, productoras del placer y el dolor del anclaje en momentos de deriva; aquella que le permite ratificar con obstinación su identidad por pertenencia a la nación cultural de la lengua castellana; aquella que otorga densidad a esa lengua y a su literatura, en cuyo devenir se identifica y enraiza, al reconocer su propio lenguaje en la continuidad.

Es en el marco de esas consideraciones vinculadas a una crítica de la literatura como acto, que se vuelve particularmente interesante poner en relación el proceso –tan peculiar– de producción de la escritura de los textos bilingües de *dibaxu* con las teorías críticas que consideran al conjunto *original - traductor - traducción - traducibilidad* un hecho artístico, estético, social, político y cultural específico y complejo.

La enunciación del traductor

Kerbrat-Orecchione (1994) llama "hechos enunciativos" a las "huellas lingüísticas" de la presencia del locutor en su enunciado; es decir, a los lugares y a las modalidades de inscripción de la subjetividad en el lenguaje. Si bien la lingüística de la enunciación se ocupa del emisor/locutor (es decir, del hablante o del escritor), todo acto de enunciación presupone un destinatario/ alocutario, unidos ambos (emisor y destinatario) por un "consenso pragmático" sobre la necesidad de "co-referir" de alguna manera al mundo. Aproximarse al discurso como objeto supone entonces postular un sujeto productor y una relación dialógica locutor-interlocutor (o autor-lector).

Todas estas consideraciones resultan especialmente significativas en lo que se refiere al lugar del traductor en la enunciación. Conviene adelantar aquí algunas distinciones, indispensables en el caso de *dibaxu*: la posición diferente que ocupan en la pragmática del discurso, el traductor como autor, el autor como traductor y el autor-traductor.

En el primer caso –el traductor como autor–, el buen traductor es aquel cuya marca mayor de subjetividad en el lenguaje es borrarla, creando la ilusión en el enunciado (el texto traducido) de su inexistencia como enunciador; es decir que el traductor está destinado a producir "hechos enunciativos" que, al enmascararlo como mediador, están destinados a colocar en un único primer plano a un texto inexistente para el lector en ese acto de lectura (el original) que solo adquiere existencia a través de la traducción (es decir, de su propia obra de lenguaje escamoteada).

A esta ausencia deliberada de "marcas" que descubran el trabajo de traducción es posible entroncarla con lo que Barthes (1967) llama "escritura blanca", "neutra", "grado cero", "del silencio": "Una comparación tomada de la lingüística quizá pueda dar cuenta de este hecho nuevo: sabemos que algunos lingüistas establecen entre los dos términos de una polaridad (singular-plural, pretérito-presente), la existencia de un tercer término, término neutro, o término-cero (...). Guardando las distancias, la escritura en su grado cero es en el fondo una escritura indicativa o si se quiere amodal; (...) <con esto> la escritura recupera la condición primera del arte clásico: la instrumentalidad (...); es el modo de existir de un silencio" (66-68).

En la línea de los conceptos de Barthes, podría entonces decir que el traductor busca "suspender" el "valor-trabajo" de la escritura para restaurar su "valor de uso": debe borrar las marcas de la traición, esconder la condición de copia que reviste su obra, de reproducción en otro código, para conservar en el lector la ilusión del contacto con un original.

Maurice Blanchot, en un provocativo ensayo de 1971 (citado por Venuti 1995), considera a la traducción como una *deriva* de las obras literarias. Toda obra literaria es un texto "en tránsito" que no es digno de ser traducido si no contiene gestos hacia la otra lengua, o cobija dentro de sí elementos que lo potencian como diferente de sí mismo en tanto objeto de una lengua viviente.

Venuti se apoya en estos conceptos de Blanchot sobre la traducibilidad en tanto condición de la obra literaria, para avanzar en una reflexión teórica que reivindica al traductor como autor: dado que toda obra literaria proviene de una tradición cultural en un momento histórico determinado, ningún autor, ninguna escritura individual es autosuficiente. Cabe a otro autor –el traductor– encontrar las entrelíneas de la traducibilidad, respaldar el valor estético del texto ajeno, localizando y sustentando la diferencia que decide ese valor y justifica el proceso de transmisión cultural y lingüística y el producto traducción.

Estas consideraciones de Venuti se refieren a la condición del traductor como autor y a su producto traducción en los circuitos más habituales de la industria editorial. ¿Qué sucede en cambio con el autor como traductor? ¿Qué dislocamiento estético se produce en la relación original / traducción, emisor / receptor cuando el traductor de Blake es Borges; de Pessoa, Octavio Paz; del anónimo quechua, José María Arguedas, de De Cavalcanti, Gelman? Y, ¿qué nueva huella lingüística aparece, qué nueva relación dialógica locutor-interlocutor se produce cuando el autor es el traductor de su propia creación? ¿A qué otras complejidades apunta cuando el autor- traductor opta, además, por la edición bilingüe de sus textos?

Las consideraciones anteriores conducen a la lectura de la traducción como traducción; es decir, a reflexionar críticamente sobre sus condiciones de producción, sobre el lugar del traductor /autor y del autor / traductor en la enunciación, sobre los dialectos y discursos que circulan en la lengua meta y sobre la situación cultural en que la traducción se lee. En esa línea, Venuti (cfr. 307-308 y 312) habla de una "lectura historizante" de la traducción como traducción, que establece una distinción —y también un puente como en el caso de *dibaxu* en que original y traducción, autor y traductor se confunden— entre lo pasado (otro, ajeno, extraño, extranjero) y lo presente (propio, conocido, cercano, local).

También para los deconstruccionistas el traductor crea el original. En la práctica, al despreciar el concepto de autor único, la fidelidad al original carece de importancia: se trata de hacer hablar al lenguaje profundo, escuchando lo no oído, que está y no está más allá, perdido en el espacio entre significante y significado. Es en esa línea que la "tesis de la traducibilidad" adquiere una importancia central (cfr. Gentlzer 1993, 144 y sgtes.).

La escritura bilingüe

El puente entre polos diversos (anterior/posterior, pasado/presente, extraño/conocido) que habilita esta lectura historizante de la traducción y la reflexión sobre la traducibilidad, adquiere notoriedad deliberada en las ediciones bilingües. Para Gideon Toury (1982), en cualquier acto de traducción, un hablante potencialmente bilingüe es promovido a la posición de bilingüismo real, al poner en contacto dos lenguas y sus correspondientes tradiciones textuales.

En esa línea, se podrá entonces decir que en una edición bilingüe, la puesta en escena simultánea de ambos textos genera un nuevo texto virtual único, irrepetible en tanto producto de cada lectura personal que orienta el vaivén entre ambas obras en función de la experiencia individual del lector y su peculiar horizonte lingüístico, ideológico y cultural. Dada su característica de obra construida como bilingüe por el propio autor, estas consideraciones resultan interesantes en el caso de *dibaxu*: permiten definir, en un primer nivel de lectura, los alcances de la puesta en relación bilingüe de los textos del poemario en sefaradí y español.

Con esta forma de edición, Gelman habilita al lector para transitar desde lo habitual hasta lo ambicioso: le permite acceder a la otra lengua de manera contrastiva en aquellos espacios de dificultad (lugares de contacto y de conflicto, semejanzas y diferencias) en el sistema léxico y, eventualmente, en la grafía; contactarse con la doble trayectoria de una lengua viva (actual y pasada) y, por lo tanto, con su densidad cultural; encontrarse con la voz arcaica como "espacio intersemiótico" en el que se produce un dislocamiento de las jerarquías diacrónicas y sincrónicas en el proceso de transformación poética (Jakobson 1959); comprobar la falacia de la traducción como actividad lingüística exclusivamente instrumental basada en una concepción mecanicista del lenguaje (emisor/ mensaje/ código/ receptor) que borra al sujeto de la enunciación (traductor); reconocer la mediación y los sesgos personales de la operatoria a través de la presencia insoslayable del autor– traductor; colocar de lleno, en fin, la cuestión de la traducción en la pragmática del discurso.

Palabra castellana/ *avla* sefaradí

Para Gideon Toury (1980), la traducción no es un hecho de la cultura emisora sino de la receptora: es el sistema meta –no el sistema fuente– el que se modifica con la incorporación de ese nuevo texto traducido (cfr. 94). En el caso de *dibaxu* –producción bilingüe en dos momentos del *continuum* de la lengua– estos conceptos de Toury entran en una zona de rica ambigüedad. Por tratarse –además– del poeta traductor de su propia creación, *dibaxu* convoca otras cuestiones que han preocupado a pensadores, ensayistas y poetas como Benjamin (1923), Steiner (1975) y Paz (1990): las relaciones entre creación poética y traducción. En esa línea, Benjamin perfila un pensamiento de especial significación para la relación entre poeta y traductor, lengua propia y lengua ajena, centro y borde, voz y eco del idioma, inherente al proceso escritural de *dibaxu*.

Para Benjamin, al ser la traducción una "forma en sí misma", la tarea del traductor debe ser vista como diferente de la del poeta: contrariamente a la obra literaria, la traducción no se sitúa "en el centro de la selva del lenguaje sino en el borde, mirando el límite boscoso. Llama hacia allá, sin entrar", para encontrar el eco que "en su propia lengua" es capaz de producir "la reverberación de la obra en la lengua ajena. (...) La intención del poeta es espontánea, primaria, gráfica; la del traductor es derivativa, última, ideacional" (77).

En el marco de las consideraciones anteriores, retomaré algunas de las preguntas iniciales: ¿qué rastros persigue Gelman en *dibaxu* con esta arqueología de la palabra? ¿cuál es la *traducción*? ¿de qué *original*?

Por sus características actuales de lengua instrumental, acotada en su uso a los grupos de la diáspora, cortada por lo tanto de una vitalidad colectiva abierta y mayor, el sefaradí que maneja Gelman aparece como un corpus limitado –que conoció sobre todo a través de la frecuentación literaria ("soy de origen judío pero no sefaradí", dice en el "Escolio")–, notoriamente diferente de la lujosa complejidad del lenguaje del resto de sus libros.

La primera impresión que surge de la lectura del poemario es que el habla de ambos castellanos está deliberadamente acotada a un intercambio poético que tiende a expresar con la ternura ingenua y descarnada de los cancioneros,[1] la profundidad de las mismas pasiones que, con obstinación, atraviesan la obra de Gelman: la poesía, el lenguaje, la amada, la imposibilidad, la continuidad. *Debajo* siempre hay una historia que fluye, hay vida, transmisión, renovación; hay *avla* sefaradí y *palabra* castellana en la voz de un mismo poeta; hay una búsqueda personal intralingüística de una memoria identitaria colectiva que, como tal, subvierte las categorías tradicionales de original y de traducción.

En tanto proceso escritural bilingüe de dos momentos del idioma, Gelman trabaja la lengua que le es propia como un conjunto en el que el centro (presente) y el borde (pasado) se reconocen y se integran en un *continuum* armónico evidente:

"nila caza dil tiempu sta il pasadu/ dibaxu de tu piede/ qui baila/"; "en la casa del tiempo está el pasado/debajo de tu pie/ que baila/" (I).

"dibaxu dil cantu sta la boz/ dibaxu di la boz sta la folya qu'il árvuli dexara cayer di mi boca/"; "debajo del canto está la voz/ "debajo de la voz está la hoja que el árbol dejó caer de mi boca/" (II).

"la muerte no savi nada di vos/ tu piede teni yerva dibaxu y una solombra ondi scrivi il mar dil vazío"; "la muerte nada sabe de vos/ "tu pie tiene hierbas debajo y una sombra donde escribe el mar del vacío" (IX).

"eris mi única avla/ no sé tu nombri"; "eres mi única palabra/ no sé tu nombre" (XIII).

"tu boz sta escura di bezus qui a mí no dieras/ di bezus qui a mí no das/ la nochi es polvu dest'ixiliu/ tud bezus inculgan lunas qui yelan mi caminu/ y timblu dibaxu dil sol/"; "tu vos está oscura de besos que no me diste/ de besos que no me das/ la noche es polvo de este exilio/ tus besos cuelgan lunas que hielan mi camino/ y tiemblo debajo del sol/" (XV).

"tudo lu qui terra yaman es tiempu/ es aspira di vos/"; "todo lo que llaman tierra es tiempo/ es espera de vos/" (XVIII).

"amarti es istu: un avla qui va a dizer/ un arvolieu sin folyas qui da sombra/"; "amarte es esto: una palabra que está por decir/ un arbolito sin hojas que da sombra/" (XXIV).

"¿cómu ti yamas?/ soy un siegu sintadu nil atriu di mi diseu/ méndigu tiempu/ río di pena/ yoro d'aligría/ ¿qui avla ti dezirá?/ ¿qui nombri ti nombrará?"; "¿cómo te llamas?/ soy un ciego sentado en el atrio de mi deseo/ mendigo tiempo/ río de pena/ lloro de alegría/ ¿qué palabra te dirá?/ ¿qué nombre te nombrará?/" (XXVIII).

"no stan muridus lus páxarus di nuestrus bezus/ stan muridus lus bezus/ lus páxarus volan nil verdi sulvidar/ pondrí mi spantu londji/ dibaxu dil pasadu/ qui arde/ cayadu com'il sol/"; "no están muertos los pájaros de nuestros besos/ están muertos los besos/ los pájaros vuelan en el verde olvidar/ pondré mi espanto lejos/ debajo del pasado/ que arde callado como el sol/" (XXIX).

Consideraciones finales

Las líneas de este trabajo se centraron en las siguientes cuestiones principales:

a) Por qué Gelman elige escribir en sefaradí, una lengua de la diáspora que, dada su pertenencia a otro linaje de la comunidad judía, no le es familiar. Mi hipótesis es que Gelman –que a pesar de sus varios exilios en países de otras hablas siempre escribió en castellano– se concede la experiencia única del sefaradí no como lengua *otra*, sino como espacio privilegiado de la dimensión diacrónica de la propia.

b) La existencia de un intertexto declarado en el "Escolio" (*Citas y Comentarios*, de 1978/79) y de otro escamoteado (*com/posiciones*), contemporáneo de *dibaxu* en fecha de escritura, en referencias autorales, en práctica de traducción y en visión exiliar.

La tesis final de este trabajo es que la edición bilingüe de *dibaxu* con traducción del propio autor (casi siempre lineal, muy distante del resto de la complejidad estructural de la poesía de Gelman) adquiere categoría de *traducción palimpséstica* al constituir un ejercicio de rescate de la memoria y de afirmación de la raíz en tiempos de exilio y de exclusión, a través de la puesta en relación de una lengua cristalizada –el sefaradí de la diáspora– con su continuidad, el castellano actual, lengua viva, vigente, creativa, en constante dinamismo y transformación.

Como si el poeta dijera, afirmando una filiación: este soy yo, desde los tiempos; si hubiese vivido en el siglo XV, estos hubieran sido los ecos de mi voz.

Por último, no quiero dejar de consignar que Gelman redita *dibaxu* en 1998, en un libro integrado por otras dos obras –*Salarios del impío* (1984-1992) que da el título al volumen, e *Incompletamente* (1993-1995)–, cuyos epígrafes de riqueza indicial me parece interesante transcribir:

"La muerte rápida es castigo muy
leve para los impíos. Morirás
exilado, errante, lejos del suelo natal.
Tal es el salario que el impío
merece.
                    Eurípides"
(*Salarios del impío*, 11).

"Los bivos no pueden fazer el officio de los muertos
      Antiguo proverbio judeo-español"
(*Incompletamente*, 113).

El poemario *dibaxu* –*avla* sefaradí y *palabra* castellana– aparece en segundo término en el orden de la publicación, enmarcado por los (para)textos de *Salarios* e *Incompletamente*.

Nota:

[1] Debo a María Inés Pailleiro la sugerencia de investigar si las imágenes y metáforas que utiliza Gelman son formas del Cancionero sefaradí tradicional.

Clementina Cambacères: ¿Una historia oculta? Oralidad y memoria en una matriz folklórica

María Inés Palleiro
Universidad de Buenos Aires - CONICET

> *No arriesgue el mármol temerario*
> *gárrulas transgresiones al todopoder del*
> *olvido..............*
> *recordando...el nombre... los acontecimientos, la*
> *patria...*
> Jorge Luis Borges,
> "Inscripción en cualquier sepulcro"

A modo de introducción

En este trabajo, nos proponemos examinar algunos rasgos de los mecanismos de construcción textual de la memoria en los relatos orales, a través del estudio de versiones de la matriz folklórica de "El encuentro con la Muerte"

Por su carácter de expresión narrativa espontánea de la identidad de un grupo (Palleiro 1994), la narración folklórica constituye un instrumento por excelencia para el archivo de la memoria de la comunidad en el que circula. En trabajos anteriores (Palleiro 1997 y Palleiro en prensa), caracterizamos su génesis como la transformación de matrices pretextuales en contextos concretos de actuación comunicativa, por medio de operaciones de adición, supresión, sustitución y desplazamiento análogas a las identificadas por los manuscritólogos en su examen de las modificaciones de materiales escriturarios (Lebrave 1990, Grésillon 1994, Bauman 2000).[1] De acuerdo con nuestro enfoque, la matriz está articulada por una constelación flexible de regularidades temáticas, compositivas y estilísticas comunes a manifestaciones narrativas diferentes, identificables por medio de la confrontación intertextual. Cada conjunto de matrices, almacenado en la memoria de los narradores bajo la forma de un inventario disponible de modelos pretextuales, constituye un universo de competencias narrativas apto para su utilización en distintas situaciones de actuación o *performance* (Bauman 1974). Este proceso puede ser reproducido a su vez en el diseño deconstructivo de un hipertexto, cuyo carácter lábil permite la creación de itinerarios múltiples a partir de la recombinación de matrices archivadas en la memoria virtual de un ordenador, en un proceso análogo al que tiene lugar en la memoria viva de los narradores (Palleiro 1997) En la articulación compositiva de la obra folklórica, adquiere particular importancia la presencia de algunos "detalles" en apariencia irrelevantes (Mukarovsky 1977), que sirven a la vez como puntos de anclaje de transformaciones contextuales y como nodos de sustitución en un esquema hipertextual (Palleiro 1992, 1993) En su descripción de la memoria como estructura conectiva esencialmente flexible, Assman (1997) pone el acento en su poder de bifurcación en recorridos divergentes. Desde esta perspectiva, los mencionados detalles funcionan como nodos de anclaje de huellas mnemónicas (Augé 1998, Ricoeur 2000) cuya combinación configura una red de bifurcaciones dispersivas que refleja las modalidades de conexión lábil de la memoria de un grupo, entendida como un sistema dispersivo de articulación del recuerdo (Foucault 1985).

El relato como instrumento de archivo

En su obra *Mal de Archivo*, Derrida (1997b) reflexiona acerca de la etimología de la palabra "archivo" y la vincula con el lexema griego *arkhé*. Tal reflexión gira en torno al campo semántico en el que se inscribe dicho lexema, relacionado con un principio ordenador. Asocia a su vez esta red de significaciones con la figura de los arcontes de la Antigua Grecia, encargados de la custodia de la memoria colectiva y de la preservación del orden con la fuerza de la ley.[2] A partir de esta óptica, el archivo puede ser considerado como elemento organizador del recuerdo y la memoria.

El narrador folklórico, por su parte, se sirve de las matrices como instrumentos cognitivos para articular el recuerdo de sus relatos. En este sentido, constituye también un guardián de la memoria colectiva, capaz, como el aronte, de preservarla, pero también de transformarla y transmitirla para asegurar de este modo su perduración dinámica en el seno de una comunidad. El hecho de narración brinda al narrador la oportunidad para actualizar sus propios esquemas de organización temática y compositiva que constituyen las matrices de cada relato, y de recrearlas con un estilo propio en una *performance* única e irrepetible. Así considerado, no solo un *dossier*[3] de versiones sino también cada relato constituye por sí mismo un instrumento privilegiado de registro y archivo de la memoria cultural de un grupo (Halbwachs 1968).[4] A partir de este enfoque, el acercamiento a sus procesos de génesis podrá tal vez permitirnos atisbar algunos aspectos de la modalidad de articulación del sistema de recuerdos del narrador y su comunidad.

El relato folklórico y las "psicodinámicas de la oralidad"

En sus reflexiones sobre las "psicodinámicas de la oralidad", Ong (1987 [1982]: 38-80) pone el acento en las formas de fijación en la memoria de temas y fórmulas compositivas,[5] y destaca el componente somático de la memoria oral, que crea un vínculo indexical de existencia con respecto al hecho vivo de enunciación. Tal dependencia indexical incide en la génesis del mensaje, y da lugar a la incorporación del contexto en el proceso de composición folklórica.[6] Según este autor (1987: 139-144), la narración constituye la manera más elemental de procesar la experiencia humana en el tiempo, por medio de procedimientos de acumulación y reiteración. Existe entonces una incompatibilidad entre trama lineal y memoria oral, dada por el predominio de tales procedimientos por sobre una secuencia lógica cuya organización se logra mediante el código de la escritura.[7] Tal modalidad de articulación de los relatos orales, que Ong designa como "trazado narrativo", permite un libre ordenamiento de los hechos en el tiempo, y análoga a la ruptura de la sucesión episódica propia de la modalidad de conexión flexible de un hipertexto. Estos planteos apuntan a delinear algunas características de la construcción poética del recuerdo y la memoria que contribuyen a esclarecer nuestro concepto de "matriz narrativa". Los temas y fórmulas mnemotécnicas y los mecanismos de acumulación y reiteración señalados por Ong constituyen ciertamente rasgos distintivos de los núcleos temáticos, compositivos y estilísticos que sirven como elementos de configuración de una matriz.[7]

Un abordaje cognitivo de la narración trata de identificar ciertos mecanismos de procesamiento de información rastreables en el examen de los relatos, tales como los estadios activo, semiactivo e inactivo de la conciencia (Chafe 1990: 79-98). Los relatos proporcionan también evidencias de la necesidad de orientación en términos de espacio, tiempo, contextualización social y sucesión de acontecimientos y ponen de manifiesto la tendencia de la mente hacia la creación de sus propios modelos de mundo, cuyas huellas de procesamiento de información quedan grabadas en la textura del enunciado (Chafe *ibidem*). La aproximación a la génesis de la narración folklórica da cuenta en efecto de ciertos procesos de activación en la memoria de matrices pretextuales presentes en la mente en un estado de virtualidad o desactivación, que pueden ser llevadas en ocasiones a un máximo de actividad y, en otras, solo en un nivel periférico. Tal proceso de reactivación se opera, de acuerdo con nuestra hipótesis, a partir de la decodificación de detalles (Mukarovsky 1977). En el análisis textual, observaremos ciertamente que la referencia a un elemento en apariencia irrelevante es capaz de evocar el recuerdo de una matriz hasta el momento archivada en la mente del narrador en estado de desactivación o latencia, y de lograr su activación total o fragmentaria. Los modelos de mundo construidos en la narración pueden relacionarse con los "mundos posibles" a los que Hintikka (1989) caracteriza como mundos alternativos con respecto al universo real, con el cual se vinculan por medio de reglas de accesibilidad y concebibilidad, y del que constituyen una duplicación analógica. Tal relación adquiere una intensidad particular en la narración folklórica, en su carácter de acto de producción de un universo ficcional que recrea las representaciones constitutivas de la identidad cultural de un grupo por medio de transformaciones de matrices pretextuales que contienen en germen un modelo de mundo (Palleiro 1994). En la construcción y comprensión de las formas narrativas, existen ciertamente mapas cognitivos que nosotros consideramos como matrices, y que autores como Bruner y otros (1986, 1987 y 1990) designan con la expresión metafórica de "paisaje de la mente" y "paisaje de la acción". El mismo Bruner (1990) asocia inclusive los patrones narrativos de la acción con las categorías morfológicas codificadas en el inventario funcional de Propp, y sostiene la existencia de un "mapa de la conciencia" referido a los procesos mentales de los personajes. Esto lo lleva a destacar la importancia de la modelización cultural en la interpretación narrativa, que incide en la modalidad de comprensión de los receptores (Bruner et al. 1990: 31). La identificación de mapas cognitivos en los procesos de comprensión que dan origen a distintas versiones interpretativas de un relato cobra un especial interés para nuestra propuesta de estudio de una misma matriz pretextual en contextos, canales y códigos diferentes, generadores de mensajes capaces de expresar configuraciones culturales diversas y de itinerarios de producción e interpretación distintos, semejantes a los recorridos de los esquemas hipertextuales. Tales esquemas sirven como instrumentos para reflejar la modalidad asociativa del recuerdo y la memoria, cuya coherencia interna no responde necesariamente a un mecanismo lógico de cohesión lineal (Assman 1997). Tal estructura conectiva flexible de la memoria favorece los procesos de construcción social de la identidad por medio de la reconstrucción del pasado (Halbwachs 1968), que supone la actualización e interpretación de formas del recuerdo colectivo a través de mecanismos rizomáticos (Deleuze y Guattari 1980), análogos los de las estructuras hipertextuales. El carácter aleatorio de la trama lineal es también un rasgo distintivo de las matrices folklóricas, que sirven como vehículo de expresión de la memoria cultural.

Resulta interesante tener en cuenta el estudio de los vínculos entre mundos lógicos y universos narrativos, en relación con los deslindes entre poesía y lógica realizados por estudiosos de la Antigüedad Clásica, tales como Swearingen (1990:173-197) Este autor encara sus reflexiones sobre la narratividad en la épica griega desde la perspectiva de los patrones culturales de cohesión narrativa cuyos orígenes se remontan a la *Poética* de Aristóteles. Afirma entonces que la articulación de las series de sucesos narrados en la épica homérica no responde a un criterio de cohesión lógica en el sentido actual de este término. Esta aparente falta de cohesión lógica tiene como contrapartida una coherencia interna que no se ajusta al concepto aristotélico de una unidad de la trama lograda a partir de la organización de una secuencia lineal. El criterio cohesivo tiene que ver, más vale, con la conexión flexible de bloques textuales cuya similitud con los esquemas hipertextuales hemos señalado más arriba. Desde nuestra perspectiva, tales características de la épica están vinculadas con su raíz folklórica, cuyo rasgo distintivo consiste en la posibilidad de ruptura del esquema lineal en un sistema de itinerarios múltiples, en los cuales la exigencia de una coherencia lógica, de raigambre aristotélica, da paso a otras modalidades de génesis basadas en la combinación de núcleos sémicos heterogéneos (Mukarovsky 1977).

De acuerdo con estas observaciones, nos interesa rastrear algunos itinerarios posibles del recuerdo a través del recorrido de una matriz folklórica en la memoria oral de los narradores, que da lugar a la desagregación deconstructiva de detalles, generadora de bifurcaciones semejantes a los de las estructuras hipertextuales. Tal red de bifurcaciones permite establecer vínculos con series textuales diferentes, cuyo proceso asociativo refleja los nexos conectivos lábiles de la memoria de una comunidad urbana, que asigna a ciertos detalles el valor de signos de identificación cultural.

Las versiones orales: "Clementina Cambacères"

El relato del que nos ocuparemos tiene como protagonista femenina a "Clementina Cambacères", y fue narrado por Santiago Bonacina en el cotexto de un diálogo con jóvenes estudiantes de nivel terciario, en la ciudad de Buenos Aires, en el año 1996. Tal relato forma parte de un *dossier* o archivo con el que trabajamos en una investigación más amplia[8]. El *dossier* está integrado por un conjunto de 30 versiones recogidas en investigaciones de campo en zonas rurales y urbanas de la Argentina, entre 1985 y 1999. Por medio de la confrontación intertextual, identificamos en dichas versiones la matriz común de "El encuentro con la Muerte", que tiene algunos elementos temáticos similares a los del tipo 332 de Aarne-Thompson, "*Godfather Death*", y otros con el motivo E 322.3.3.1, "*The vanishing hitchhiker*".[9] Distinguimos así, en el nivel temático, un mismo tópico que podría describirse como "La Muerte en el baile", cuyos núcleos compositivos corresponden a las secuencias de 1) "El encuentro" del protagonista con una "chica" en un baile, 2) "La despedida" entre ambos en una zona próxima al cementerio, 3) "La búsqueda" de "la chica" efectuada por el protagonista, 4) "El hallazgo" de su dirección –o de su tumba– y 5) "El reconocimiento" por señas de su condición de persona muerta. Entre los elementos comunes del nivel estilístico, advertimos la adición acumulativa de detalles con el valor de indicios de reconocimiento, tales como el "vestido" con la "mancha de bebida" de "la chica", o "el abrigo" del protagonista, que adquieren muchas veces un valor metafórico de condensación simbólica de aspectos de la identidad del grupo. Todos estos elementos configuran una matriz a la que consideramos como *arkhé* o principio ordenador de un archivo, que intenta reproducir el ordenamiento de estos elementos en la memoria de los narradores folklóricos. Uno de los detalles que funciona como nodo de anclaje de operaciones sustitutivas y, en un diseño hipertextual, y como *link* para la creación de itinerarios múltiples es, precisamente, el nombre de la protagonista, llamada en las distintas versiones "Clementina", "Rufina", "Felicitas" o, simplemente, "la chica". Tomando esta matriz como principio ordenador de la memoria, en la que funciona como núcleo pretextual "desactivado" (Chafe 1990) y activable en cada nueva realización narrativa, consideramos las versiones orales como textos, que emplean también en su construcción otros pretextos relacionados con la materia histórica, y que son recreadas a su vez en postextos de diversa índole.[10]

La versión de Santiago Bonacina, localizada en el ámbito porteño del cementerio de la Recoleta, es la última de una serie de tres, y está narrada a continuación de otras ambientadas, respectivamente, en los cementerios bonaerenses de Ezpeleta y Ciudad Evita:

Participante 1 (masculino) —Eeh... el cementerio tal... eeh... D' esoh cuentoh de cementerioh...
Participante 2 (masculino) —Eeh... la de la viuda... también que hay... uun... hay una chica que fallece... qu' era novia de un chico... algo por el ehtiilo... No me lo acueerdo... muy bieen yo ¿no?... ehtee...
Resultaa... que una nooche... esta mujer sale del cementerio... ¿no?.. Yy... y se va pa'... a bailar... ¿no?... algo por el ehtilo... y sale de joda...
Resulta quee... lee... la cosa está en quee... vuelven toodoh... ¿no? A la chica se le derramaa... eeh... algo sobr' el peecho... no me acuerdo... sobr' un vehtido blaanco... ¿no?... Entonce', se corre la bola... ahií ¿no?... como quee... la vieron.
Entonce', se vaa... se abre la tuumba... 'htá... la mina ehta ¿no? tooda... Y cuando se v' a la caasa... se ve un vehtido blaanco... y tiene la maancha... htá manchaado...
Y eh conocido... no me acuerdo ¿no?... allá 'n el cementeerio...
Participante 3 (masculino) —Y yo lo tenií', a ese, como qu' era... allá, 'n Ehpeleta, 'n el cementeerio...
Participante 4 (femenina) —Y ahí, enfrente del cementerio, casi enfreente... hay un baaile... yy... dicen quee... ahí un chico... conoció una chiica... muy liinda... con un vehtido blaanco... yy... y... bueeno... bailan tooda la noche... qué sé yoo... y termin' el baaile... y él l' invit' a tomar un café...
Se van a tomar un café... y a la chiica se lee... se le vuelc' el café 'n el vehtido... Bueno, ella le pasa la direcioón... tooda... yy... dice quee...
Bueno... él, al otro día... como le había guhtado taanto, fue a esa dirección... y pregunta por la chiica... y loh padres le dicen: —¡Noo, pero eh qu' ella murió hacee... cinco añoh!...
Yy... y el pibe no le creiía: —¡Cómo! ¡Si yo ehtuve bailando con ell' anoohce... y me dio ehta direción!... ¿Y cómo qu' ehtá mueerta?...
[En este último segmento de discurso, la narradora adopta una entona-

ción más grave y aumenta la velocidad de locución para reproducir la voz del personaje masculino].

Y entonceh, dicen que van al cementerio... aa... a ehcavaar.. qu' ehtá la tumba d'ella...
Y dicen qu' en la tumba... s' encuentr' el vehtido... con la mancha de cafeé...
Participante 5 (masculino: Esteban) —Claro, ahí, es algo así... Yo no lo recueerdo... pero yoo... de Ciudá Evita... ¿no?... eeh... No lo recuerdo... Yo l'oí... en mi casa... Me lo habían contado de chiico... ¿noo?...
Participante 6 (femenina: Sandra) —Christian... el año pasaado.. contoó...
Participante 7 (masculino: Santiago) —Y en el cementerio de Recoleta, también tienen esa leyeenda... Clementina Cambacere', se llama la mueerta...
Que la tumba, en el cementerio de la Recoleta, eh un' ehtatua de una chica muy jooven qu' ehtá en actitú de abrir la pueerta...
Y hay un joven... muy boniito... qué sé yoo... Fueron a un baile, y bailó toda la nooche... con una chica con un vehtido de raso rosaado...
'Ntonceh... cuaando... Entonceh, ehtaban bailaando... y se mancha con uuna... con una bebida... con algo...'Ntonceh, ella se vaa... ¿no?... a laa... a su casa... y él la sigue... y ve quee... entra 'n una casa...
Al otro día, va par' hablar con eella...
Y dice —¡Noo, porque m' hija murió a loh veintiún añoh, muy jooven!
—¡No, pero yo hablé con ella! –contehtó. —Eeh... tení' un vehtido de raso rosaado... y lo manché yo con una bebiida...
—¡Ah! ¡Es ehte vehtiido! [El narrador realiza el ademán de señalar con su dedo índice derecho un objeto imaginario]
Muehtr' el vehtiido, y ehtaba manchaado... cuenta la leyeenda...
Y ehta persoona... eeh... ehta leyeenda... e' sobr' una persona... Clementina Cambacéreh...
Que la cuentan... lo' sepultureeroh... y lo' guía' dee... del cementerio de la Recoleeta...
Entrevistadora (Mariá Inés Palleiro) —¿Y l' ehtatua?
Participante 7 (masculino: Santiago) —Claaro, esa eh... la tumba de una chiica... que se murió en seerio... a loh veintiún aañoh... muy jooven... Eh un monumento funeraario...
Participante 6 (femenina: Sandra) —Con nombre y apelliido...
Participante 5 (masculino: Esteban) —¡Eh máh! ¡Te muehtran la tuumba!... ¡Aquí 'htá la muerta viiva!...
Participante 7 (masculino: Santiago) —Clementina Cambacéreh...
Participante 3 (masculino) —Tenemoh qu' ir... y preguntaar...

La escucha de dos versiones de la misma matriz lleva a Santiago Bonacina a evocar el recuerdo de una tercera, con variaciones de detalles. Es así como dos participantes confirman la circulación de dicha matriz en el seno del grupo, y mencionan como aval testimonial a otro participante, Christian ("—Christian... el año pasaado... contoó..."). Tal mención sirve como elemento activador (Chafe 1990) que evoca en la memoria de este narrador la versión que ahora nos ocupa, como un eslabón de la cadena de recuerdos que integran el conjunto de saberes narrativos de un grupo y que, como tales, forman parte de su memoria cultural (Halbwachs 1968) La operación que da lugar a la génesis de este nuevo relato es una modificación sustitutiva (Lebrave 1990) en la localización con respecto a los relatos del cotexto precedente, reveladora de los procesos de espacialización de la memoria (Chafe *ibidem*). Dicha variante sustitutiva inicial, que funciona como detalle generador de otras transformaciones del relato, ubica la acción en el cementerio urbano de "la Recoleta". Tales transformaciones tienen que ver con la flexibilidad de la estructura conectiva de la memoria (Assman 1997), que favorece la creación de asociaciones diferentes a partir de un patrón desencadenante del recuerdo (Swearingen 1990). Las sustituciones con respecto al cotexto anterior se extienden a la clasificación metanarrativa de la narración como una "leyenda", en lugar de los "cuentoh de cementerioh" precedentes. Tal clasificación incide en la génesis del texto, que recrea la matriz de "El encuentro con la Muerte" bajo la forma de un relato etiológico, vinculado con la explicación del origen de una estatua –elemento característico de la configuración arquitectónica de este cementerio de gran atractivo turístico, ubicado en una zona céntrica de la ciudad–. Mediante una intercalación aditiva, el narrador asocia la matriz con un personaje de existencia histórica, perteneciente a una familia de prestigio dentro de la comunidad, a la que designa con el nombre de "Clementina Cambacères". La nominación concreta del personaje femenino como "Clementina", que no está presente en las versiones precedentes, funciona como recurso argumentativo, orientado a persuadir a la audiencia de la verosimilitud del relato. El mismo nombre, sin embargo, tiene una fuerte raigambre folklórica, que da lugar a la conexión intertextual con una canción tradicional inglesa cuya letra se refiere a la muerte trágica de otra joven también llamada Clementina, ocurrida al tropezar y a caer en el agua ("*In a cavern...excavating from a mine / dwelt a miner...and her daughter Clementine... / Drove she ducklings to the water / every morning, just at nine / hit her foot against the splinter / fell into the foaming brine*". El dramatismo de este suceso está enfatizado por la reiteración del estribillo, con una fuerte carga de afectividad: "*Oh my darling, oh my darling, oh my darling Clementine / thou' are lost and gone for ever / dreadful sorry, Clementine*"). Si bien se trata de una canción del folklore sajón, sus resonancias son amplias en nuestro medio, lo cual permite considerar la existencia de un vínculo asociativo entre ambos personajes, muertos trágicamente en plena juventud. La relevancia de este nombre está subrayada por su carácter de nodo de sustitución, reemplazado en otras versiones por el de "Felicitas", también asociado con una red intertextual de conexiones con el folklore urbano, relativa a la serie de leyendas entretejida alrededor de la aparición fantasmal de una mujer muerta también de modo trágico en plena juventud, en la iglesia porteña de Santa Felicitas.[11]

El resorte compositivo básico del relato es entonces la adición acumulativa de detalles realistas, tales como la edad de la joven muerta ("veintiún añoh"), la descripción de su posición en la estatua ("una ehtatua de una chica muy jooven qu' ehtá en actitú de abrir la pueerta...") y la referencia al "monumento funerario", subrayada por la reiteración enfática de su posibilidad de identificación ("con nombre y apellido"), que tienden a crear un "efecto de realidad" (Barthes 1970). La referencia al ícono estatuario nos lleva a reflexionar acerca de la relación entre memoria e imagen, que remite a una teoría de la representación desarrollada ya por Aristóteles. Aristóteles considera el *eikon* como una imagen, una representación del objeto, que configura una huella mnemónica articuladora del recuerdo. Tal concepto aristotélico de "huella mnemónica", trabajado por Ricoeur (2000: II), difiere de la teoría platónica, en la cual dicha huella reflejada en el *eikon*, ubicado en el Mundo Sensible, constituía una imagen borrosa o distorsionada del Mundo Inteligible evocado por medio de la *anamnesis*, en una operación reminiscente de reconstrucción fragmentaria. El recuerdo constituye en Platón una operación cognoscitiva de búsqueda de una Verdad Inteligible, por medio de una operación que Peirce denominaría abductiva, y que permite un acercamiento a la verdad o *a-letheia*. Es oportuno recordar aquí la acepción etimológica de este lexema griego, compuesto por una *a* privativa que funciona como prefijo de negación, y que remite al cruce mítico del Leteo o río del olvido, que, según Platón, marca la frontera de separación entre el Mundo Sensible de las Cosas y el Mundo Inteligible de las Ideas. Las raíces míticas del pensamiento platónico se evidencian también en la referencia al "mito de la invención de la escritura" presente en el *Fedro*, que, de acuerdo con la lectura de Havelock en su *Preface to Plato* (1982) revela la pervivencia del pensamiento oral y mítico de la épica homérica, en su transición al pensamiento analítico y filosófico que ya se advierte con mayor nitidez en la producción aristotélica. Es así como la teoría de Aristóteles, basada en la observación de la *physis*, se refleja en su concepción del recuerdo como representación de un objeto en la estructura cognoscitiva de la memoria. Yates (1974) retoma en alguna medida este concepto de huella mnemónica al referirse al "arte de los sellos" de las *ars memoriae* medievales resignificadas por Giordano Bruno, en la transición de la Edad Media al Renacimiento, que utilizan la imagen del sello como impronta de fijación del recuerdo. San Agustín, por su parte, se refiere en las *Confesiones* (X, 8, 14) al soporte espacial del recuerdo y recurre para ello a la imagen visual de las "aulas de la memoria"[12]. Desde esta óptica, la bóveda que guarda los restos de la joven protagonista del relato puede ser considerada como uno de tales "aulas de la memoria", que establece un vínculo de existencia con su trayectoria vital a través de la impronta material del arte estatuaria, la cual sirve a la vez como pretexto y como anclaje referencial de múltiples itinerarios narrativos. San Agustín pone el acento en el aspecto subjetivo de la memoria, a la que considera como un instrumento de totalización de la experiencia por una vía espiritual de introspección. El concepto subjetivo de *anamnesis* es resignificado por Freud, quien ve en la memoria un instrumento de acceso a la dimensión de lo inconsciente. Derrida (1994), por su parte, retoma esta última línea de pensamiento, y subtitula así sus reflexiones sobre la memoria y el archivo como "Una impresión freudiana". Se refiere entonces al "concepto de archivo" en términos pulsionales como "un mal", "un síntoma" y "un deseo de memoria", a la vez que "un mandato". La fase "objetal" del recuerdo está presente también estudiosos de la memoria judía tales como Yerushalmi[13], quien hace referencia precisamente al carácter de *"memorial and reminder"* de los monumentos. Destaca así su relevancia para la geografía política y moral de un país en relación con la configuración de la memoria de un Estado-Nación. Estos aspectos están presentes en alguna medida en la génesis del relato, estrechamente vinculada con la geografía tanática de un cementerio, para el que se propone como itinerario de acceso la imagen icónica del monumento funerario. La materia histórica adquiere entonces en esta narración, la forma de alusiones a detalles de este tipo que, del mismo modo que el nombre de la protagonista o que la mención descriptiva de su monumento funerario, funcionan como elementos activadores de la memoria viva de los narradores, capaces de evocar su recuerdo. Cabe destacar en este sentido la importancia del monumento como soporte objetal de la memoria, subrayado por Halbwachs (1968) en su referencia a la "memoria de las cosas". El cementerio está presentado de tal modo como un espacio emblemático destinado a albergar distintos aspectos de la memoria colectiva que guardan una relación de existencia con los cuerpos allí enterrados.[14] Las lápidas y monumentos funerarios cumplen entonces una función indicial de soporte del recuerdo, por su carácter de los vestigios de una existencia corpórea. Ellos están presentes en la génesis del texto, en el que la alusión a la imagen de la estatua remite a un anclaje objetal del discurso lingüístico, presentado como una relación etiológica del origen del monumento. En este sentido, tales objetos configuran una suerte de archivo, en su acepción etimológica de elementos de articulación de itinerarios del recuerdo y la memoria (Derrida 1997, Assman 1997). En este caso, el cementerio funciona como un espacio tanático destinado a construir una memoria colectiva, por medio de la conservación de los vestigios de la existencia de quienes ya murieron. La mención de los cuerpos se relaciona también con el componente somático de la memoria oral (Ong 1987: 38-80) que crea un vínculo indexical con respecto a la situación comunicativa. Los monumentos funerarios contribuyen de este modo a la configuración de una suerte de "mapa cognitivo" (Bruner et al. 1990) de la memoria, orientado a delinear distintos itinerarios del recuerdo.

La mencionada acumulación de detalles relativos al contexto sirve en el relato como estrategia de anclaje referencial de la matriz en un entorno histórico concreto, del mismo modo que la focalización de la acción en torno a un personaje de existencia real, utilizada en este caso como estrategia para la creación de un verosímil narrativo. Ello da lugar a la génesis de un discurso ubicado en una zona fronteriza entre ficción e historia (Palleiro 1993), que reelabora los datos de la realidad en una red de duplicaciones referenciales (Reisz 1979). En este proceso constructivo, advertimos la supresión de la referencia a la exhumación presente en la versión primera y el desplazamiento del eje de interés de la anécdota hacia la explicación etiológica del origen de la estatua. Otra modificación remarcable es la sustitución del vestido blanco de los relatos precedentes por un "vehtido de raso rosaado", que constituye un detalle característico del procedimiento de composición folklórica, ubicado en el mismo nivel de las referencias a la realidad histórica. Reconocemos en este las mismas unidades episódicas que componen la matriz en las demás versiones del *dossier*, en un orden similar. Es así como, luego de la cláusula de orientación espacial que sirve como fórmula de apertura, tiene lugar "El encuentro". Este transcurre, del mismo modo que en las versiones anteriores, en "un baile", e incluye también el detalle de la "mancha" de "una bebida" en el vestido, que servirá luego como indicio de reconocimiento. "La despedida", presentada de manera sintética, agrega la mención del seguimiento de la joven por parte del muchacho, omitida en otras versiones ("'Ntonceh, ella se vaa... a su caasa... y él la sigue... y ve quee... entra 'n una casa..."). "La búsqueda" corresponde a la ida a la casa de la muchacha ("Al otro día, va par' hablar con ella"). Allí se produce "El hallazgo" de sus padres y el conocimiento de la noticia de su muerte que, de manera análoga a la del relato precedente, es transmitida en un discurso directo que da lugar a un contrapunto antitético de voces y perspectivas ("...Y dice: —¡Noo, porque m' hija murió... muy jooven!... —¡No, pero yo hablé con ella!") "El reconocimiento" presenta una variante con respecto a otras versiones, que consiste en un desplazamiento de la mención del vínculo de la mujer con el ámbito del cementerio –descubierto en la mayoría de las versiones en la unidad final– hacia una posición inicial. Tal desplazamiento disminuye en cierta medida el efecto de sorpresa, pero logra crear desde el comienzo un clima de incertidumbre que mantiene en vilo al auditorio hasta el momento del desenlace. Esta modificación genera a su vez un nuevo desplazamiento de los mismos detalles de otras versiones hacia una posición episódica diferente, exigida por la economía narrativa. Dicho cambio consiste, por ejemplo, en que el reconocimiento de "el vehtido de raso rosaado" como indicio de existencia de un vínculo de identidad entre la chica del baile y la joven muerta tiene lugar en la casa de los padres de la joven y no en la tumba, como en otros relatos.[15] Esta variante tiene que ver con una suerte de lógica sinecdótica (Lausberg 1975) en el nivel compositivo, relacionada con el carácter etiológico de la versión. Es así como el narrador menciona en primer término una consecuencia, que genera el posterior desarrollo narrativo de su explicación causal de la presencia del vestido de la muerta en casa de sus padres. El relato se cierra con la reiteración enfática del vínculo de esta matriz narrativa con el contexto histórico, en una suerte de coda ("...eh... la tumba de una chiica que se murió en seerio... a loh veintiún aañoh... muy jooven... Eh un monumento funeraario..."). Dicha coda adquiere el valor de una nueva prueba argumentativa en defensa de la verosimilitud del suceso, refrendada por la referencia al discurso polifónico de los sepultureros y los guías del cementerio, presentados a la vez como testigos y transmisores del relato, y como encargados de la mostración deíctica que permite localizar la tumba en un ámbito histórico ("—¡Te muehtran la tuumba! ¡Aquí 'htá la muerta viva!"). La intervención de uno de los participantes ("—Tenemos qu' ir y preguntaar...") alude también a la posibilidad de convalidación testimonial de esta fuente narrativa. La inclusión de distintas voces de miembros del grupo bajo la forma de un diálogo directo, reforzada por el empleo de deícticos espaciales ("aquí"), enfatiza la fuerza argumentativa del enunciado y subraya al mismo tiempo su carácter de discurso situado en el contexto de una comunidad urbana. Tal contextualización está reforzada por la referencia a "Clementina Cambacèreh", presentada como modelo emblemático de prestigio dentro del grupo, avalado por su pertenencia a una familia de la aristocracia local y por la ubicación de su estatua en un cementerio donde descansan los restos de numerosos próceres de la historia argentina. Estos elementos adquieren así el valor de signos de identificación comunitaria, y tal valor identificatorio confirma el carácter folklórico del enunciado narrativo, utilizado como vehículo de expresión de la memoria cultural de urbana.

Otros relatos, como el de la narradora Élida Vallejos, presentan una sustitución del ámbito espacial del cementerio porteño de "la Recoleta" por el de "la Chacarita", como así también la del indicio de reconocimiento del "vestido de raso rosado" por una "bufanda" y la de "los sepultureros" por la de "mi abuelita" como fuente de conocimiento del relato, además de la supresión del nombre de la protagonista y el agregado de la especificación alternativa del oficio del protagonista masculino como la de un "vigilante" o un "soldado". En dicha versión se advierte también el ya mencionado desplazamiento del reconocimiento de la identidad de la joven muerta hacia la unidad secuencial ambientada en la casa de los padres de "la chiica":

Élida Vallejos —Ehte me lo contó mi abueela...'l de la chiica...que dehpuéh del baaile... eel ...el solda...el vigilante...el vigilante...porqu' er'un vigilante... l' acompañab' y desaparecía...por una de lah caalleh...ahí, de la Chacariita...'
'Ntonceh, el hombre la va buhcar... el otro dí', el vigilante...
Y empieh' averiguar...y nadie lo sabiía, d'esa chiica...Hahta que una señora le dice: —¡Mire, ahí vive una gente que tení' una hiija...pero no seé!

V'a la casa...le pregunt'...
Y la mujer llor' y diice: —¡No! ¡Mi hija murió! ¿Qu' ehtá dicieendo?
Lo echa...s' enooja...porquee...la hij' ehtaba muert' hace muchoh aañoh...Le parecí' una burlaa...
'Ntonceh, él le dice: —¡Bueno! ¿Pero dónd' ehtá...la tumba de su hija...si ehtá mueerta?
—¡Sí!...¡Acá!...—Cruzand' el centro de la Chacarita...
Y él va...Y cuando va, encuentra su bufanda...Ahí 'htaba...
—¡Ahí ehtá la bufanda!
[El auditorio queda un instante en silencio, con expresiones de asentimiento y asombro. Siguen algunos comentarios inaudibles en el registro magnetofónico]

Esta aproximación analítica, ampliada por la confrontación intertextual con otras versiones, nos permite comprobar entonces la pertenencia de esta matriz al conjunto de saberes narrativos de un grupo, con modificaciones de detalles que funcionan como huellas mnemónicas evocadoras de recuerdos de recorridos diferentes del recuerdo. Tales recorridos pueden ser considerados, desde un enfoque hipertextual, como partes de un inventario abierto de alternativas combinatorias capaces de producir un número potencialmente infinito de versiones, unidas entre sí por vínculos lábiles, que reproducen, en alguna medida, en el archivo de la memoria virtual de un ordenador, la flexibilidad conectiva de las asociaciones que tienen lugar en la memoria viva de los narradores. Estos procesos de reconstrucción del recuerdo tienen como vimos un componente ficcional que da pie para la construcción poética de una tradición urbana, capaz de expresar aspectos constitutivos fundamentales de la memoria colectiva.[16] Observamos también el vaivén entre ficción e historia, y la dinámica de relaciones intertextuales entre las categorías narrativas del "caso", el "cuento" y la "leyenda" (Abrahams 1990). Es así como la evocación de un hecho real genera una red intertextual de diversos itinerarios narrativos a partir de mecanismos de asociación en la memoria, que dan lugar a diferentes "correcciones" y "variantes" en torno a una matriz folklórica en el eje sintagmático de las combinaciones discursivas (Jakobson 1964). Este proceso cognitivo de selección y asociación, que revela ductilidad de vínculos y relaciones estructurales del recuerdo (Assman 1997), favorece al mismo tiempo la recreación poética de los acontecimientos recordados y la construcción retórica de un verosímil narrativo.

San Agustín (1984), en sus *Confesiones*, considera según vimos la memoria como un instrumento de conocimiento que permite la totalización de la experiencia bajo la forma de representaciones subjetivas. Chartier (1996:I) extiende el concepto de "representación" al mundo social, es decir, a "las diferentes formas a través de las cuales las comunidades, partiendo de sus diferencias sociales y culturales, perciben y comprenden su sociedad y su propia historia". Bajtín (1981), por su parte, acentúa el carácter interaccional de lo que él mismo denomina "la imaginación dialógica", que permite extender el concepto de intersubjetividad a lo que, en términos de Vygotsky (1934) sería el "habla interna", que favorece el desarrollo cognitivo del recuerdo y la conciencia, anclada en un contexto sociohistórico (Wertsch 1988). El recuerdo, como forma de representación en la que convergen lo subjetivo y lo intersubjetivo, lo real y lo imaginario, lo histórico y lo ficticio, se vale entonces de las matrices folklóricas como principios narrativos aptos para la expresión de elementos comunes y rasgos diferenciales tanto de la historia social como de la experiencia individual y de los aspectos simbólicos de la cultura de un grupo. Los relatos generados a partir de esta matriz pretextual constituyen instrumentos privilegiados de transmisión de un universo de saberes narrativos, en el que convergen elementos históricos vinculados con la red discursiva de anécdotas relativas al suceso real de la "muerte en vida" de la joven Cambacérès, con el dualismo entre lo erótico y lo tanático de la matriz folklórica. Esta pluralidad de materiales da lugar a la génesis de itinerarios narrativos múltiples en los que puede advertirse una interrelación dinámica entre poesía e historia, cuyas bifurcaciones pueden representarse en un diseño deconstructivo hipertextual. Tales bifurcaciones resultan evidentes en los distintos recorridos aquí presentados, en los cuales la matriz folklórica y la materia histórica son utilizadas como pretextos tanto para la génesis de narraciones orales como para la recreación literaria de un caso o acontecimiento notable (Chertudi 1967) ocurrido al miembro de una familia cuya condición aristocrática. En el contrapunto de voces, advertimos la conjunción en distinto grado, de la experiencia vital y la elaboración poética. Tal conjunción está orientada a expresar de manera espontánea un universo de representaciones colectivas que cada narrador expresa con matices y variaciones individuales, que lo diferencian del sistema de recuerdos de los demás miembros del grupo.

A modo de conclusión

Comprobamos en este análisis la articulación del relato, en sus distintas versiones, alrededor de la matriz pretextual de "El encuentro con la Muerte", identificada por nosotros en un *dossier* mucho más amplio. Ficción e historia se entremezclan en los complejos procesos asociativos del recuerdo y la memoria, en una doble vía de ficcionalización de la materia histórica y de incorporación de elementos históricos en un mundo posible de ficción. Las redes asociativas del recuerdo y la memoria dan lugar a itinerarios múltiples, de una proliferación rizomática similar a la de las estructuras hipertextuales. En la textura narrativa, podemos rastrear las huellas de procesos cognitivos de articulación del recuerdo y la memoria, que tienen como nodos de anclaje ciertos "detalles", que se bifurcan en una pluralidad de redes asociativas. A la manera de los sellos mencionados en las *Ars memoriae* medievales (Yates 1974), las matrices folklóricas funcionan como molde o impronta del sistema de recuerdos colectivo de los grupos humanos más diversos, que encuentran en ellas un vehículo de expresión por excelencia. Y esta condición está garantizada por su carácter lábil y flexible, que les permite atesorar "lo esencial de la vida fenecida", cuyo dinamismo perdura en los tiempos y lugares más diversos, abierto a una pluralidad de itinerarios, más allá de los detalles aleatorios del "nombre" y de "la patria".

Notas

[1] En los relatos orales, tales operaciones tienen lugar en el dominio de la memoria de los narradores, que no cuenta con el soporte material de los instrumentos de escritura (Palleiro 1994). Cabe aclarar sin embargo que si bien uno de los canales más frecuentes de la narración folklórica es el de la transmisión oral, ello no excluye sus eventuales fijaciones escriturarias (Tonkin 1992). Para un análisis de registros escriturarios de la matriz que nos ocupa en un *dossier* de narrativa folklórica argentina, véase Palleiro (en prensa).

[2] Para una reflexión específica acerca del archivo en relación con la ley como principio y fundamento de la autoridad, véase Derrida (1997 a).

[3] Grésillon (1994 b: 242) define el *dossier* genético como un *"ensemble de tous les témoins génétiques ...conservés d´une oeuvre ou d´un projet d´écriture"*, en una obvia referencia a los testimonios escritos. Nuestra propuesta de aproximación metodológica consiste en emprender una tarea inversa, de registro textual de realizaciones orales de una matriz narrativa que funciona como eje aglutinante de este *dossier* o *ensemble*.

[4] En sus consideraciones acerca del recuerdo y la memoria desde una perspectiva sociológica, Maurice Halbwachs (1968) establece una distinción categorial entre la "memoria mimética", que concierne al ámbito del "hacer"; la memoria "de las cosas", vinculada con los objetos de la vida cotidiana, en los cuales cada comunidad hace converger sus conceptos de funcionalidad, comodidad y belleza; la "memoria comunicativa", relacionada con el universo del lenguaje y la comunicación, que tiene que ver con las distintas modalidades de interacción entre individuos; y la "memoria cultural" vinculada con los procesos de transmisión del sentido, en la cual convergen y adquieren valor las tres categorías anteriores.

[5] En su referencia a las expresiones formulaicas, Ong retoma la línea de Parry (1928 y 1954) y Lord (1960), cuyos estudios destacaron la presencia de tales estructuras en la épica homérica y en composiciones serbocroatas contemporáneas que mantienen dicho esquema compositivo.

[6] Para un estudio de los procesos de ficcionalización del contexto en el texto folklórico, véase nuestra Tesis de Doctorado, cuya *Síntesis* figura en Palleiro (1993).

[7] Para una interesante reflexión relativizante de la dicotomía oralidad/escritura a la luz de las nuevas tecnologías comunicacionales, véase Pardo y Noblía (2000).

[8] Financiada por el Consejo Nacional de Investigaciones Científicas y Técnicas (CONICET).

[9] En términos de la narratología folklórica, un "motivo" es la unidad mínima independiente de la estructura temática de un relato, común a realizaciones narrativas de las más remotas latitudes y períodos. Un conjunto de motivos configura un "tipo". Tipos y motivos están codificados en los Índices Gene-

rales de Tipos y Motivos de Aarne-Thompson y Thompson , cuyos datos figuran en la Bibliografía.

[10] En otros trabajos (Palleiro, en prensa) nos ocupamos con mayor detalle de las interrelaciones de este relato con el referente histórico. Solo aclaramos aquí que este relato tiene como intertexto la anécdota del suceso real del entierro en vida de la joven Rufina Cambacères, hija de Eugenio Cambacères, muerta por asfixia luego de un ataque de catalepsia y enterrada en el cementerio de la Recoleta. Una interesante recreación literaria de este suceso, que toma en cuenta también el vínculo intertextual con la matriz folklórico, se encuentra en el capítulo "La hora de secreto" de las *Historias ocultas de la Recoleta*. Para un estudio particular de los materiales pretextuales y de los postextos literarios de estas versiones, véase Palleiro (2001 en prensa, capítulo 5) Este estudio está focalizado en la doble perspectiva de la elaboración ficcional de la realidad histórica y de la matriz folklórica que forma parte de la génesis de los distintos materiales, con una especial referencia al trabajo de recreación literaria realizado por María Rosa Lojo. En su recreación literaria, esta autora trabaja también este concepto del monumento funerario como soporte material de la memoria, generador de múltiples itinerarios narrativos. Es así como enuncia en el prólogo su intención explícita de recrear los "itinerarios personales" que forman un contrapunto con el "coro de la memoria colectiva" (Lojo 2000:13). Como su título lo indica, el texto recoge en efecto "historias" y "anécdotas" relativas a las "bóvedas de la Recoleta", atesoradas en un "museo de los cuerpos [en el cual] los itinerarios personales ... se funden inextricablemente con la historia argentina" en "este espacio ... mítico de nuestro imaginario porteño y nacional" (Lojo 2000:13) Por medio de esta reflexión metapoética, Lojo propone un protocolo de lectura del texto en una clave arqueológica, de acceso a las distintas "historias" como instrumentos de interpretación de las piezas que configuran el "museo" del cementerio. El "museo" está presentado de tal modo como un espacio emblemático destinado a albergar distintos aspectos de la memoria colectiva que guardan una relación de existencia con los cuerpos allí enterrado y con las lápidas y monumentos, por su carácter de vestigios de una existencia corpórea. Tales objetos están presentes en la génesis del texto, en el cual ingresan bajo la forma de imágenes fotográficas que funcionan como anclaje icónico del discurso lingüístico. El vínculo indexical de existencia del discurso narrativo con el soporte material de los elementos materiales que sirven como impronta del recuerdo se advierte con claridad en la obra de Lojo, que traza una especie de geografía simbólica de una necrópolis porteña, a partir de la reelaboración literaria de historias que se entretejen alrededor del soporte espacial de los monumentos funerarios, que ofrecen la posibilidad de "domiciliación" de la memoria (Derrida 1997), orientada a delinear distintos itinerarios del recuerdo. La autora explora algunos de ellos, en un trabajo de ficcionalización de la materia histórica que apela a los objetos como resortes indiciales para la génesis de las distintas "historias ocultas", para las que propone sus propios recorridos de desocultación.

[11] Para una referencia más amplia a este itinerario y a sus recreaciones periodísticas, véase Palleiro (2000)

[12] El texto latino de San Agustín da cuenta en efecto de la construcción de la imagen visual de las aulas de la memoria como soportes espaciales de los distintos itinerarios del recuerdo:" *Ita cetera...recordor...Intus haec ego, in aula ingenti memoria meae*" San Agustín, *Confesiones* X, 8, 14 (1979: 401).

[13] La problemática de la historia y la memoria judías está entroncada, en Yerushalmi, con la brecha intertextual entre una historiografía separada de la memoria colectiva, referida al pueblo judío en cuanto inserto en un devenir temporal, y la memoria de las tradiciones de una colectividad que instaura una relación vertical con los textos sagrados, sostenida por ceremonias y ritos. Su doble preocupación por la geografía política y moral tiene que ver entonces con esta perspectiva, que resignifica la fractura entre memoria colectiva y memoria histórica planteada por Halbwachs (1968). La concepción del cementerio como lugar simbólico de la historia y la memoria está presente también en la obra de Lojo, que citamos en una nota anterior. Tal concepción, enunciada con claridad en el prólogo, da pie para considerar el cementerio como anclaje espacial de esta ecuación entre historia individual y colectiva, y entre la memoria privada de Rufina Cambacères y la memoria del Estado-Nación de los argentinos, para decirlo en términos de Yerushalmi.

[14] Recordamos aquí las consideraciones de Verón (1988:41-61) acerca del cuerpo como capa metonímica de producción del sentido, que adquiere aquí una relevancia particular, relacionada con la fragmentación y desintegración corporales.

[15] Para un comentario analítico de esta versión, véase Palleiro (en prensa).

[15] En un número de la revista *Viva* –que integra el suplemento dominical del diario matutino *Clarín* de Buenos Aires– del 26 de abril de 1998, encontramos una recreación de la matriz de "El encuentro con la Muerte", en una nota periodística de Hernán Firpo y Germinal Nogués, con fotos de Marcos López, titulada "Misteriosa Buenos Aires", en una obvia referencia intertextual a la obra homónima de Manuel Mujica Láinez. En ella, identificamos los mismos núcleos secuenciales de la matriz que nos ocupa, en un entramado con elementos de la historia local, orientado a construir una especie de crónica ficcional de la ciudad de Buenos Aires. Esta recreación está seguida por la referencia a otra leyenda urbana ambientada en la iglesia porteña de Santa Felicitas, citada en una nota anterior. Esta leyenda se relaciona con la muerte violenta de una joven de ese nombre, en cuyo honor sus familiares hicieron construir la iglesia. Tal suceso está asociado también con apariciones sobrenaturales, similares a las atribuidas a Rufina Cambacères. Todos estos aspectos forman parte ciertamente de la génesis de una crónica ficcional de un contexto urbano que, al igual que el texto de María Rosa Lojo, entreteje datos anecdóticos de la historia local con el soporte pretextual de matrices folklóricas. Para un estudio de la recreación de la matriz en este artículo periodístico, véase Palleiro (2000).

Tiempo, identidad, memoria y sueño en Borges

Ana María Barrenechea
Universidad de Buenos Aires

En el trabajo colectivo de investigación correspondiente a este UBACyT que iniciamos bajo el amplio título de *Archivos de la Memoria*, me reservé la obra de Borges como un espacio literario donde podía dibujarse el imaginario de la dupla memoria / olvido (y también donde la existencia de uno de los términos presuponía la del otro).

No sospechaba entonces que junto con ellos surgirían otros tipos de relaciones, que concluirían por ser imprescindibles y que llevarían a construir más que una dupla, una constelación de fuerzas en tensión.

Una relectura limitada a la "llamada" edición de las *Obras completas*, Buenos Aires, Emecé, en cuatro volúmenes, me ofreció (para decirlo en la querida fórmula borgesiana) un jardín de senderos que se bifurcaban y, en su intrincado laberinto, sugerían otras relaciones persistentes y complejas.

Era fácil pensar que la memoria y el olvido aparecerían bajo la forma de falsa memoria, memoria tramposa, memoria empobrecedora o selectiva o deformante o salvadora o creadora...

Pero no era tan obvio que el énfasis que Borges ponía en el fluir temporal (en lucha con un lenguaje común en el que predomina el imaginario espacial) arrastraría otras configuraciones, y entre ellas una muy querida por él mismo: el sueño.

Es indudable que dicho fluir arrastra inexorablemente la disolución del individuo, jaqueado además por la duplicación (los dobles, los espejos) y las variaciones del inestable Proteo (el que "Ignoró la memoria, que se inclina / sobre el ayer y las perdidas cosas" *OC*, II, 487) o el incesante fluir de los ríos de Heráclito (que Borges leyó y citó por la edición inglesa de Burnet, cfr. OC, III, 156).

El poema "no eres los otros" (*OC*, III, *La moneda de hierro*, 158), dominado por un Yo que se desdobla y habla con un Tú que es él mismo y a la vez todos los hombres, concluye con un pareado que desgrana en versos lapidarios:

> Tu materia es el tiempo, el inminente
> Tiempo. Eres cada solitario instante.

Y en otro poema que se titula "Heráclito", un Yo se pregunta a sí mismo repetidamente (*OC*, II, *Elogio de la sombra*, 357):

> ¿Qué río es éste
> por el cual corre el Ganges?
> ...
> ¿Qué río es éste
> que arrastra mitologías y espadas?

Hasta concluir respondiendo:

> Inútil que duerma,
> Corre en el sueño, en el desierto, en el sótano.
> El río me arrebata y soy ese río.
> De una materia deleznable fui hecho, de misterioso tiempo.

El tiempo, que en su fluir amenaza la identidad de la persona, también permite que en un breve lapso se construya una frágil identidad personal con un imaginario que se sustenta en la constante tensión de opuestos: continuidad pero armada con diminutas entidades, fragmentada pero sucesiva.

De este modo el trabajo escriturario de Borges insiste en configurar al tiempo como un locus privilegiado de su obra. Basta detenerse en su Nueva refutación del tiempo, el largo texto parcialmente adelantado, luego recogido en folleto en 1947, Buenos Aires, Oportet & Haereses, y finalmente en *OC*, II, 135-149, el cual concluye con un párrafo memorable muchas veces citado por sus comentaristas:

> *And yet, and yet...* Negar la sucesión temporal, negar el Yo, negar el universo astronómico, son desesperaciones aparentes y consuelos secretos. Nuestro destino (a diferencia del infierno de Swedenborg y del infierno de la mitología tibetana) no es espantoso por irreal; es espantoso porque es irreversible y de hierro. El tiempo es la sustancia de que estoy hecho. El tiempo es un río que me arrebata, pero yo soy el río; es un tigre que me destroza, pero yo soy el tigre; es un fuego que me consume pero yo soy el fuego. El mundo, desgraciadamente es real; yo, desgraciadamente, soy Borges. (p. 149).

Así este artículo que comencé como desarrollo del tema memoria / olvido, ha debido concentrarse al principio en la temporalidad, uno de los hilos imprescindibles para entender su textura.

Solo una identidad sostenida y fortalecida por un continuum temporal, que se sostenga y fortalezca por la persistencia de una personalidad que le dé coherencia, puede apuntalar esta tarea del recuerdo que se construye y reconstruye.

Si nos volvemos a otros problemas, convendrá recordar que en ciertas épocas de su vida Borges se ha quejado de las desoladas noches de insomnio que lo agotaban. De ello, es testimonio el poema de ese nombre recogido en *El otro, el mismo*, de 1964 (*OC*, II, 237), pero escrito en fecha muy anterior:

> De fierro
> De encorvados tirantes de enorme fierro tiene que ser la noche
> Para que no la revienten y la defondan
> Las muchas cosas que los abarrotados ojos han visto,
> Las duras cosas que insoportablemente las pueblan.
> ...
> El universo de esta noche tiene la vastedad del olvido
> Y la precisión de la fiebre.
> Adrogué, 1936

También en el "Prólogo" de *Artificios*, 1944, incluido como segunda parte de su libro *Ficciones*, 1944 (*OC*, I, 483) Borges califica a "Funes el memorioso", como "una larga metáfora del insomnio".

Es verdad que el Funes de Borges rechazaba dormir para no distraerse del mundo y solo anhelaba ser el testigo constante del universo para registrar todos sus detalles, todos sus matices, todas sus posibles versiones: "el perro de las tres y catorce (visto de perfil)" y "el perro de las tres y cuarto (visto de frente)", en infinitas perspectivas.

Pero con este personaje, Borges plantea mucho más que la pesadilla de esas noches en blanco y crea una criatura más rica, que desborda la escueta definición que él mismo propuso en el prólogo.

Por su incapacidad para las ideas platónicas y las generalizaciones del pensamiento, con su grotesco sistema de numeración de infinitos símbolos particulares (a lo que se agrega la comicidad de los nombres elegidos y la motivación ridículamente localista que lo impulsa), o con el insensato catálogo de recuerdos, su creador aplaca burlonamente el entusiasmo que podría despertar el haber alcanzado una de las posibles intuiciones angélicas del universo.

"Funes el memorioso" es otro ejemplo de esa mezcla específica de Borges, que juega (como en el caso "arquetípico" de "El aleph") con una tonalidad que se mueve desde los extremos de lo ridículo hasta las notas de lo patético y lo sublime.

Al tiempo, la identidad y la memoria he debido agregar en Borges (y en el título de este ensayo) otra cuarta entidad, el sueño, con el que no había contado al comienzo. Una detenida atención merece esta fuente de inspiración que Borges quiere atribuirles a veces a sus ficciones, la cual tiene extrañas relaciones con el tiempo y la identidad. Porque entonces él mismo o los otros personajes, o los animales o las cosas o los lugares varían de naturaleza o son simultáneamente dos entes diversos. Además las visiones oníricas oscilan entre ser complejas historias narrativas o figuras estáticas que deberá describir si quiere comunicarlas con palabras.

En una obra tan rica en invenciones fulgurantes cualquier lector descubre que precisamente en una franja temporal determinada, el Borges fabulador se complace con más frecuencia en atribuir a los sueños o a esa zona intermedia (en la que se emerge del sueño a la vigilia) la revelación de algunos de sus textos.

Es una forma sencilla de borrarse como "inventor" de ficciones, de contagiarlas con la magia o el misterio del origen, o de declararse un simple amanuense o un mero organizador del texto.

Con esto no quiero sugerir que deba plantearse como problema crítico la parte de verdad o de mentira que esa afirmación conlleva. Simplemente me interesa destacar que en ciertos momentos quiso ofrecer ficciones muchas veces breves, otras más extensas (por ejemplo "La memoria de Shakespeare") como tesoros que el sueño le regalaba. Tópico, por otra parte, de antigua estirpe en la tradición mítica, y también en la religiosa y la secular, donde con la palabra "tópico" apunto no solo a lo que se dice sino también (como advertí) a la retórica narrativa.

En su artículo "La pesadilla" (conferencia publicada en *La Opinión* y recogida en *Siete noches*, 1980, *OC*, III, 221-235) explica que siempre le interesó que todos los seres vivos alternaran su ritmo según la sucesión de la luz y la sombra (vegetales, animales, personas); también que el hombre y los animales –según opinan muchos– fueran capaces de soñar.

Pero que una cosa era eso y otra la experiencia de comunicar las ensoñaciones, para lo cual era necesario construir una descripción o un relato oral o escrito.

Uno de los ejemplos más notables de pesadilla mencionado entonces, consiste en la descripción de un sueño suyo que resume en prosa en la página 228 y que puede compararse con el bellísimo poema de la página 126, publicado en *La moneda de hierro* en el mismo volumen de *OC*, III.

La pesadilla

Sueño con un antiguo rey. De hierro
Es la corona y muerta la mirada.
Ya no hay caras así. La firme espada
Lo acatará, leal como su perro.
No sé si es de Nortumbria o de Noruega.
Sé que es del Norte. La cerrada y roja
Barba le cubre el pecho. No me arroja
Una mirada, su mirada ciega.
¿De qué apagado espejo, de qué nave
De los mares que fueron su aventura,
Habrá surgido el hombre gris y grave
Que me impone su antaño y su amargura?
Sé que me sueña y que me juzga, erguido.
El día entra en la noche. No se ha ido.

Indudablemente, el poema (aparecido en *La Nación*, el 16 de agosto de 1975 e incluido en libro en 1976) tiene la asombrosa perfección de ser un soneto —es decir una de las formas literarias más artificiosas— pero no contagiar de artificio ni de "literaturidad" esta comunicación escrita de un sueño. Es una versión que mantiene al mismo tiempo la impresión de ser veraz, es decir fiel a la experiencia del imaginario onírico y a su emoción profunda. Además traduce la interpretación de relaciones entre los signos del sueño para un tiempo futuro que no está en su inmovilidad y atemporalidad sino en las palabras que describen relaciones entre las entidades de la imagen soñada ([...] "la firme espada / lo acatará, leal como su perro") igual que otras relaciones pasadas (como las abarcadas en el conjunto de versos escritos entre signos de interrogación) hasta la interpretación del pensamiento que el personaje descripto no manifiesta. El penúltimo verso —que como todo el poema está emitido por "Borges", el Scriptor— se anima a interpretar dos cosas: que la figura soñada intercambia con él el acto de soñarlo y de juzgarlo (aunque permanezca muda). El último verso, en cambio, traduce mediante una curiosa y disruptora personalización del ciclo temporal, el hecho de haber continuado viendo al despertarse la pesadilla del misterioso rey.

Vale la pena confrontar ahora el soneto con la versión de la conferencia grabada y no sabemos si corregida o no por su autor o por otro, al publicarla en *OC*, III, 228. Realizaremos así una especie de brevísimo intento de comparatismo o de geneticismo textual sui generis.

> Yo he tenido –y tengo muchas pesadillas. La más terrible, la que me pareció la más terrible, la usé para un soneto. Fue así: yo estaba en mi habitación: amanecía (posiblemente esa era la hora en el sueño), y al pie de la cama estaba un rey, un rey muy antiguo, y yo sabía en el sueño que ese rey era un rey del Norte, de Noruega. No me miraba: fijaba su mirada ciega en el cielo raso. Yo sabía que era muy antiguo porque su cara era imposible ahora. Entonces sentí el terror de la presencia. Veía al rey, veía su espada, veía su perro. Al cabo, desperté. Pero seguí viendo al rey durante un rato, porque me había impresionado. Referido, mi sueño es nada; soñado, fue terrible.

Este fragmento carece sin duda de la alta tensión lírica del soneto y de su musicalidad (esa melodía de las palabras que Borges juzgaba la esencia del género lírico y que –modestamente– pensaba que "algunas pocas veces" había alcanzado).

Sin embargo, merece que se llame la atención sobre dos pasajes de la versión en prosa: pienso en la repetida fijación y el realce de que lo que comunica había ocurrido "en el sueño". La aclaración ocurre una vez al explicar el momento del día: "amanecía (posiblemente esa era la hora `en´ el sueño)"; otra vez: "yo sabía 'en' el sueño que ese rey era un rey del Norte, de Noruega." Porque ello significa la conciencia del autor acerca de la diferencia que siempre acecha entre lo soñado y su comunicación oral o escrita –es decir con palabras– indispensables para darlo a conocer al oyente o al lector, al otro que no lo soñó.

Sin embargo no deja de ofrecer en su exposición dos rasgos de ese sueño y enfatizar para el receptor, que ambos fueron realmente soñados haciéndolo por medio de la preposición en (tan "vistosamente localizadora").

Otra cosa (quizá sin mucha importancia) podría agregarse en esta comparación: que el texto en prosa carece de toda nota colorista mientras que el soneto indica el "rojo" para la barba y el "gris" para la tonalidad general del anciano rey, aunque ninguno de los dos términos sean, en realidad, indicadores de que se trató de un sueño en colores (caso que puede darse en la realidad aunque con poca frecuencia). Su valor es sin duda connotativo.

Los textos que Borges ofrece como dones del sueño o a los que les pone títulos que así los clasifican, forman un conjunto literario desigual.

Algunos parecen responder más a una salvación parcial o fragmentaria de lo que él mismo ha calificado "el mundo vertiginoso de los sueños"; otros corresponden a un relato extenso o breve o a un poema que llama "sueño" y sin embargo conservan excepcionalmente pocos de los rasgos oníricos, salvo el caso de la versión estática que antes analicé.

De los muchos que recoge en sus llamadas *Obras completas*, recordaré ahora "Un sueño en Alemania" (de *Atlas*, *OC*, III, 418) que comienza con la frase: "Esta mañana soñé un sueño que me dejó abrumado y que fui ordenando después."

Esta introducción manifiesta el deseo de ofrecer la transcripción más fiel posible de un sueño real, con el mínimo de probables desviaciones inherentes a todo ejercicio de este tipo. Pero enseguida aparecen y se multiplican los fragmentos desconcertantes que rompen con el pacto de lectura porque también se ha roto el pacto de escritura (se sobreentiende, "onírica").

La frase inicial: "Tus mayores te engendran", tiene que ver más con la retórica de Borges que con la voz oída en un sueño. Además el discurso oscilará entre formas verbales impersonales con *se* o las del verbo *hay*, que alternan con las admoniciones a un tú a quien se le anuncian las catástrofes futuras sin que eso se presente como el modo de ver, experimentar o sentir dentro del sueño el enfrentamiento con un fantasma adverso y luego trasmitirlo al lector.

También molesta la longitud que ocupan los pizarrones y que se mide "por leguas o por leguas de leguas" o la precisión de un soñador que alcanza a contar en cada depósito –uno tras otro– "las diecinueve filas de pizarrones" o a determinar la exactitud del número indicado cuando se supone que le faltaría tiempo para controlarlo minuciosamente. En cambio convencen como oníricas las imprecisas "palabras y cifras arábigas escritas con tiza" y otros detalles como el de la puerta corrediza al estilo japonés (posible en un soñador que se casó y viajó a ese país con María Kodama) o que la escritura se inicie en el borde izquierdo del pizarrón, todo lo cual resulta "verosímil" en la descripción de este sueño.

Al final va surgiendo otra transformación narrativa que desplaza la clasificación de ese tipo de discurso como "sueño". El texto va adquiriendo los rasgos retóricos de una parábola sobre la vida humana, vida que sabemos que desemboca fatalmente en la muerte, y que lleva diseminados los detalles propios de la experiencia, de las acotaciones y del imaginario de Borges.

Se asiste, entonces, a un cambio marcado en el enfoque de una escena que se propuso al comienzo como un sueño "real". En este momento deja de contarla como la experimentó y la vio el Yo soñador, y éste comienza a dirigirse a un indeterminado Tú y luego a un Nosotros. Al final de esos vaivenes, cuando se dice: "Agotarás el número de veces que le ha sido dado a tu corazón para su latido y entonces habrás muerto", el lector espera el punto final del relato.

Pero como suele hacerlo, Borges agregará en la conclusión otra vuelta de tuerca. La transcripción de un sueño que se confesó experiencia personal termina así contagiada del inconfundible sabor de la incertidumbre. Esto sucede porque ofrece una apertura que involucra al lector, pero también aclaraciones y correcciones de lo que antes afirmó, como ocurre en un Borges que nos tiene acostumbrados a la permanente inestabilidad de sus textos y a sus tensiones contradictorias.

Cuando esto ocurra los números de tiza no se borrarán en seguida (En cada instante de tu vida alguien modifica o borra una cifra.) Todo sirve para un fin que nunca entendemos.

Es interesante advertir que Borges publicó una casi (otra) versión de este mismo sueño, la cual apareció en *Clarín*, el 21 de julio de 1983 con el título "Un sueño" y luego la incluyó en el libro *Los conjurados*, en 1985 (*OC*, III, 484) como "Sueño soñado en Edimburgo".

Se parece bastante al anterior pero desde el comienzo va ofreciendo variantes, que pueden ser de escasa importancia. "Esta mañana soñé un sueño" había dicho en *Atlas*; ahora escribe: "Antes del alba soñé un sueño...". Luego continúa: "que fui ordenando después." frente a "que trataré de ordenar." para cerrar la oración inicial.

Pero al avanzar puede introducir fragmentos que difieren más en su estructura y llegan a fórmulas muy típicas de Borges: "El edificio entero es circular, pero es tan enorme que desde afuera no se advierte la menor curvatura y lo que se advierte es una recta." Los senderos de la memoria nos enfrentan así con el edificio construido por "Abenjacán el Bojarí, muerto en su laberinto", descripto en el sueño casi con las mismas palabras que empleó al publicarlo en *El Aleph* (cfr. *OC*, I, 600).

Sin embargo, la diferencia estructural más significativa entre los sueños gemelos, consiste en no encontrar los tres renglones finales que sorprendían en la versión de "Un sueño en Alemania" (comparables, quizá, a la inserción del laberinto en este sueño de Edimburgo). Sin duda las dos versiones del sueño, releídas paralelamente, profundizan su propia música: unas veces con mínimas diferencias de formulación, otras con sus choques de rupturas sorprendentes.

El comentario de estos textos que su autor titula "sueños" y que son quizá unos de los que tienen mayores rasgos oníricos en cuanto al imaginario y la forma narrativa, nos deja perplejos. Sin duda resaltan también en ellos, desde el comienzo hasta el cierre, las desviaciones que caracterizan otros tipos de sus discursos no oníricos, aunque nos hayamos acostumbrado como lectores a sus complejas tensiones.

Quiero recordar que mi primera impresión me llevó a opinar que los "sueños" debían ser tratados aparte porque no constituían sistema con la dupla memoria / olvido. Sin embargo ahora juzgo que esa postura debe ser revisada.

En realidad el dormir es una experiencia del vivir de todo ser humano, como la del insomnio. Pero cuando se habla de comunicar un sueño, se habla de producir un relato (oral o escrito) de un tipo especial de experiencias humanas. Y cuando un escritor ofrece un texto (poema, prosa breve, cuento, obra extensa como la *Divina Comedia*, ensayo o conferencia) se entra en otros terrenos, todos ellos literarios.

Si agregamos que quien los escribe es Borges, la producción de estos textos adquiere una relevancia especial. Pueden abarcar cualquiera de los tipos de discurso antes enumerados, puede decir que verdaderamente fueron el don de un sueño personal o no, titularlos "un sueño", "El sueño", "Sueño soñado en Edimburgo", etc., pero también "La otra muerte", "El sueño de Shakespeare", "La pesadilla", "El sueño de Coleridge" o "El sueño de Chiang-Tzu" y hasta "La noche de los dones" (*OC*, III, 41).

Volvamos ahora al relato "La noche de los dones" (*OC*, III, 41). Cito esta ficción de *El libro de arena* porque si pensamos en la primera parte, la llamada la Cautiva (prostituta cautiva en el prostíbulo), repite como en un sueño el ataque de los indios a una estancia donde había trabajado de sirvienta tiempos atrás.

"Volvé a contar lo del malón para refrescar la memoria" le dice el peón (que va acompañado del relator) en la época en que éste era "el niño" ("estanciero") y el peón quería iniciarlo en la experiencia sexual.

El periplo de la Cautiva es significativo, porque se dice de ella que tenía el rostro con "algo de aindiado" y "los ojos muy tristes" pero que era muy hermosa (p.42).

También que había nacido en Catamarca, que cuando era chica trabajó en la estancia Santa Irene, donde siempre se esperaba y se temía el ataque de un malón; y casi se lo deseaba para romper la angustia de su amenaza permanente. En ese momento se corta el relato en primera persona de la Cautiva y se pasa sin transición a oír un torbellino como el ruido del malón y el arrebato de su entrada en el prostíbulo. Pero no son los indios (que ya no incursionan en la planicie); es Juan Moreira (acompañado de bandoleros), que le pega un talerazo al perrito que avanza a saludarlo y queda muerto panza arriba, en un instante.

En ese punto comienza otra historia, la historia del viejo estanciero relator de su experiencia de adolescente, la de la

131

unión carnal con la Cautiva y la de la muerte de Juan Moreira clavado por la bayoneta del sargento Chirino en la espalda, al intentar huir por el muro trasero, despatarrado allí como el perrito.

La maestría de Borges re-petirá el conocido final del Juan Moreira de Eduardo Gutiérrez y lo re-novará (entre otras cosas) con esta incrustación perturbadora del relato de la Cautiva. Pero a algún lector, como a mí y en este momento, más que la vida del adolescente que conoce al mismo tiempo el amor y la existencia de la muerte, me atrae el relato insertado y la experiencia total de la Cautiva, me fascina su experiencia perpetua del cautiverio, de la servidumbre y la prostitución: en la estancia Santa Irene, en el aduar indígena o en el prostíbulo. "Yo estoy aquí para servir, pero a gente de paz. Acercate que no te voy hacer ningún mal", le dice al adolescente que heredará estancias, en el momento en que comienza a desnudarse en la miserable habitación de esa casa de mala vida, de donde parece no haber salido nunca (no poder salir desde que nació).

La introducción de "La noche de los dones" se había detenido al principio en una frase anodina puesta en la voz de un Borges "relator" que ya adelanta, con aparente lateralidad, preocupaciones que irá sembrando en el texto (la tesis platónica de que conocer es re-conocer) y que en este caso resume con el recuerdo: "se debatía el problema del conocimiento", y atribuye con cierta inseguridad de memoria "alguien, mi padre, creo", que a su vez atribuía a Bacon (en escena re-memorativa) "que aprender es recordar, ignorar es de hecho haber olvidado".

A ello agrega, en cadena de memorias las observaciones de un amigo no identificado, el cual tercia rechazando las discusiones ociosas sobre arquetipos platónicos, recuerdo-olvido, con breves argumentos y los enfrenta con el caso personal de una fuerte experiencia vivida, inolvidable, que pasa a relatar: "lo que me dejó cierta noche que suelo traer a la memoria, la del treinta de abril del 74" (p. 43).

Y un poco más tarde, pautará con esta misma voz del segundo relator a quien "Borges" (el primero), le había pasado la palabra: "Aquí empieza de veras la historia." Para él, para el que conoce en un día el amor y la muerte es justo que empiece ahí, en el momento en que Moreira despanzurra al perrito y él sale huyendo. Pero para la Cautiva, como decíamos, es justo decir que empezó al nacer.

Y para Borges quizá empiece desde la anodina frase oída en la Confitería "El águila" donde captó la voz de su padre hablando de la tesis platónica y citando a Bacon sobre recordar y haber olvidado.

Lo importante ahora para mis lectores es que Borges pueda hablarnos de sueños con tan variados imaginarios y registros (como ficciones, ensayos, poemas, prólogos, conferencias, encuestas, entrevistas, notas al pie).

Al final de estas páginas escritas para los *Archivos de la Memoria* quiero concluir recordando que para Borges soñar y sueño fue, en su sentido más amplio, interrogarse sobre el vivir (y el morir), o imaginar historias (o músicas con palabras si las concretaba en poesías) o en cualquier tipo de discurso o en el modo de leer (paradójicamente e intensamente) su propia vida y la de los otros. Además, quedan vivas las palabras que dijo en el "Prólogo" a *El informe de Brodie*: "[...] la literatura no es otra cosa que un sueño dirigido" (*OC*, II, 400).

Referencias bibliográficas

Aarne, Antti & Stith Thompson. 1928. *The types of the foktale: a classification and bibliography.* Helsinki, Academia Scientiarum Fennica.

Abrahams, Roger D. 1990 [1976]. "The complex relations of simple forms" en *Folklore genres*, ed. by Ben-Amos. Austin, Texas University Press.

Adorno, Rolena. 1992. "The Discursive Encounter of Spain and America: The Authorithy of Eyewitness Testimony in the Writing of History". *The William and Mary Quartely*, April, pp. 210-228.

. 1988. "El sujeto colonial y la construcción cultural de la alteridad". *Revista de Crítica Latinoamericana*. Año XIV, N° 28, pp. 11-27.

Aliata, Fernando y Graciela Silvestri. 1994. *El paisaje en el arte y las ciencias humanas.* Buenos Aires, Centro Editor de América Latina.

Allan Poe, Edgar. 1993. *Tales of Mystery and Imagination.* Hertfordshire, Wordsworth Editions.

Alvar Nuñez Cabeza de Vaca (1992). *Naufragios.* Madrid, Cátedra.

Amar Sánchez, Ana María. 1992. *El relato de los hechos.* Rosario, Beatriz Viterbo.

Arendt, Hanna. 1951. *Les origines du totalitarisme.* 3 vol. Paris. Ed. du Seuil (1. Sur l' antisémitisme, 2. l' Impérialisme et 3. Les systèmes totalitaires), trad. esp. 1958, Madrid, Fondo de Cultura Económica.

Artal, Susana. 2000. "Omnis clocha clochabilis... Rabelais y la redundance latinicome", en *La huella y el río. Homenaje a Corina Corchón*, Universidad de Buenos Aires, Instituto de Investigaciones en Humanidades "Dr. Gerardo Pagés", Buenos Aires, 159-168.

Assman, Jan. 1997[1992]. *La memoria culturale. Scrittura, ricordo e identità politica nelle grandi civiltà antiche.* Torino, Einaudi.

Augé, Marc. (1998) *Las formas del olvido.* Barcelona, Gedisa.

Bachelard, Gaston. 1943. *L'air et les songes*, Paris, Corti.

. 1960. *La poétique de la rêverie*, Paris, PUF.

Bajtín, Mijail Mijáilovich [1922] 1963. *Problemas de la Poética de Dostoievski*, segunda edición muy renovada.

. 1979. *Estética de la creación verbal.* Trad. esp. 1982, Tatiana Bubnova, México, Siglo XXI, (reúne artículos del 1912 al 1971).

. 1970. *L'œuvre de François Rabelais et la culture populaire au Moyen Age et sous la Renaissance*, Paris, Gallimard.

Barrenechea, Ana María. 1983. *Cuaderno de bitácora de "Rayuela"*, Buenos Aires, Sudamericana, coedición con Julio Cortázar. "Estudio preliminar", pp. 7-138.

———. 2000. "La inversión del tópico del 'beatus ille' en *La ciudad ausente* de Ricardo Piglia, en *Valoración múltiple. Ricardo Piglia al cuidado de Jorge Fanet*, La Habana, Casa de las Américas.

———. 2000. *La expresión de la irrealidad en la obra de Jorge Luis Borges y otros ensayos*. Buenos Aires, Ediciones del Cifrado (incluye el texto original de 1957 y catorce artículos posteriores).

Barthes, Roland (1967). *El grado cero de la escritura*. Buenos Aires, Jorge Alvarez Editor.

———. 1970. "El efecto de realidad" en *Lo verosímil*. Buenos Aires, Tiempo Contemporáneo, pp. 95-102.

Baschetti, Roberto. 1994. *Rodolfo Walsh, vivo*. Buenos Aires, Ediciones de la Flor.

Bauman, Richard. 1974. "Verbal art as performance" en *American Anthropologist*, N° 67, pp. 290-297.

———. 2000. "Actuación mediacional, tradicionalización, y la 'autoría' del discurso" en *Patrimonio cultural y comunicación. Nuevos enfoques y estrategias*. Buenos Aires, Imprenta de la Ciudad, pp. 31-51.

Bécquer Casaballe, Amado y Migue Ángel Cuarterolo. 1985. *Imágenes del Río de la Plata. Crónica de la fotografía rioplatense (1840-1940)*. Buenos Aires, Editorial del Fotógrafo.

Bellemin Noël, Jean. 1972. *Le texte et l'avant texte. Les brouillons d' un poème de Milosz*. Paris, Larousse.

Benjamin, Walter. (1992). "The Task of the Translator". In: *Theories of Translation*. Chicago University Press, 1992.

Bergez, Daniel et al. 1990. *Introduction aux Méthodes Critiques pour l'analyse littéraire*. Paris, Dunod.

Bergson, Henri. 1896. *Matière et Mémoire. Essai sur la relation du corps à l'esprit*. En *Oeuvres*, Introduction de H. Gouhier, textes annotés par A. Robinet, édition du centenaire.

Blanchot, Maurice. 1955. *L'espace littéraire*. Paris, Gallimard.

———. 1959. *Le livre à venir*, 2ᵉ ed. Paris, Gallimard.

Borges, Jorge Luis. 1951. "El sueño de Coleridge" en *La Nación*, 18 de noviembre, recogido en *Otras inquisiciones*, 1951. (Se citan sus textos por *Obras completas*, Barcelona, Emecé editores y los textos fechados de 1ª publicación por Nicolás Helft.)

———. 1979. *Borges Oral* (conferencias en el ciclo de la Universidad de Belgrano: 2ª "La inmortalidad", 3 de junio de 1978, OC, IV, 172-179; "El tiempo" 23 de junio, pp. 198-205).

____. 1980. "La memoria de Shakespeare", *Clarín*, 15 de mayo, incluido en el libro de ese título. 1983; OC, III, 393-399.

____. 1982. *Nueve ensayos dantescos*, espec. "El último viaje de Ulises" y "El encuentro en un sueño" (OC, III, p. 364 y p. 369).

Bourdieu, Pierre. 1992. *Les Régles de l'art*. Paris, Éd. Du Seuil.

Brecht, Bertolt. 1984. *El compromiso en literatura y arte*, Barcelona, Ediciones Península.

Bruner, Jerome. 1987. *Realidad mental y mundos posibles. Los actos de la imaginación que dan sentido a la experiencia*. Barcelona, Gedisa.

____. 1986. "El crecimiento de la psicología cognitiva: psicología del desarrollo" en *Los molinos de la mente. Conversaciones con investigadores en Psicología*, México, Fondo de Cultura Económica, pp. 33-45.

____. et. al. 1990 [1989]) "Narrative comprehension" en *Narrative Thought and Narrative Language*, ed. by Bruce K. Britton y Anthony D. Pellegrini, Hove and London, Lawrence Erlbaum Associates Publishers, pp. 1-78.

Buñuel, Luis. 1983. *Mi último suspiro*. Esplagues de Llobregat Barcelona, Plaza y Janes.

Callet Bois, Julio. (1961) "Bernal Díaz del Castillo o la verdad de la historia", en *Revista Iberoamericana*, volumen 25.

Chafe, Wallace. 1990 [1989]. "Some Things That Narratives Tell Us About the Mind" en *Narrative Thought and Narrative Language* ed. by Bruce K. Britton y Anthony D. Pellegrini, Hove and London, Lawrence Erlbaum Associates Publishers, pp. 79-98.

Charpentier, Françoise. 1988. "Une éducation de prince: Gargantua, chapitre XI", *Études Rabelaisiennes*, XXI, 103-108.

Chartier, Roger. 1996. *El mundo como representación*. Barcelona, Gedisa

Chertudi, Susana. 1982[1967]. "Las especies literarias en prosa" en *Folklore literario argentino*, Buenos Aires, Centro Editor de América Latina, pp. 7-47 y 49-73.

Christiano Junior. 1876. *Vistas y costumbres de la República Argentina*. Buenos Aires, Peuser.

Clendinnen, Inga; (1993) "'Fierce and Unnatural Cruelty': Cortés and the Conquest of Mexico", en Greenblatt, Stephen (comp.), *New World Encounters* (Berkeley, University of California Press), pp.12-47

Contat, Michel y Daniel Ferrer, edits. 1998. *Pourquoi la critique génétique?* Méthodes, Théories, Paris, CNRS éditions.

Díaz Salazar, Diego. 1911. *Vocabulario Argentino, Neologismos: refranes. Frases familiares & usados en la Argentina*, Buenos Aires-Barcelona, Editorial Hispano-Argentina.

Deleuze, Gilles y Félix Guattari. 1980. *Rizoma*. Pre-textos. Valencia.

Derrida, Jacques. 1967. [1994] 1995. *Mal d'Archive. Une impression freudienne.* Trad. esp. *Mal de archivo. Una impresión freudiana*, Madrid, Trotta, 1997.
———. 1981. *Positions.* Chicago University Press.
———. 1967. *L'écriture et la différence*, Paris, Seuil. Trad. esp. *La escritura y la diferencia.* 1989. Barcelona, Anthropos.
———. 1997a. *Fuerza de ley.* El "fundamento místico de la autoridad". Madrid, Tecnos.
Díaz del Castillo, Bernal. 1945. *Historia Verdadera de la Conquista de la Nueva España.* México, Porrúa. Edición y estudio preliminar a cargo de Joaquín Ramírez Cabañas, dos tomos.
Ducher, Patrick. 1995. *Hipertexto. La convergencia de la teoría crítica contemporánea y la tecnología*, (con extensa bibliografía).
Elliot, John H. 1972. *El viejo mundo y el nuevo.* (1492-1650). Madrid, Alianza.
Ellis, Havelok. 1911. *The world of dreams.* Boston, Hougtheon Misslin.
Even-zohar, Itamar. 1978. "Papers in Historical Poetics". En Benjamin HRUSHOVSKI e Itamar EVEN-ZOHAR (eds.). *Papers on Poetics and Semiotics*, 8, Tel Aviv, University Publishing Projects.
Farge, Arlette. 1989. *Le goût de l' archive.* Paris. Seuil.
Ferrer, Daniel. 1998. Ver Contat.
Fontaine, Marie Madeleine. 1984. "Quaresmeprenant: l'image littéraire et la contestation de l'analogie médicale" en Coleman, James A. and Christine M. Scollen-Jimack (ed.), *Rabelais in Glasgow-Proceedings of the Colloquium held at the University of Glasgow in December 1983*, Glasgow, 87-112.
Foucault, Michel. 1985 [1969]. *La arqueología del saber.* México, Siglo XXI
Gelman, Juan. 1988. *com/posiciones.* In: Interrupciones II. Buenos Aires, Libros de la Tierra firme.
Gelman, Juan. 1993. "Citas" y "Comentarios" de Santa Teresa y San Juan de la Cruz (selección del autor). En: *Antología personal.* Buenos Aires, Ediciones del Instituto Movilizador de Fondos Cooperativos, Col. "Desde la gente".
Gelman, Juan. 1994. *dibaxu.* Buenos Aires, Seix Barral.
Gelman, Juan. 1998. *dibaxu.* En: Salarios del impío y otros poemas. Madrid, Visor.
Gentzler, Edwin. 1993. *Contemporary Translation Theories.* London and New York, Routdlege.
Ginzburg, Carlo. 1992 [1986]. "Spie. Radici di un paradigma indiziario" en *Miti emblemi spie. Morfologia e storia Venezia*, Einaudi, pp. 158-209.
Glantz, Margo. 1992. *Borrones y borradores.* México, UNAM y Ediciones del Equilibrista.

Grandsaignes d'Hauterive, R. 1947. *Dictionnaire d'Ancien Français. Moyen Age et Renaissance*, Paris, Larousse. (DAFMR)

Greimas, A. J. 1980. *Dictionnaire de l'ancien français jusqu'au milieu du XIVè siècle*, Paris, Larousse.

Grésillon, Almuth. 1994b. *Eléments de critique génétique*. Paris, Presses Universitaires de France.

──. 1994a. "Qué es la crítica genética" en *Filología* XXVII, 1-2, pp. 25-52. Traducción de María Inés Palleiro.

Gusdorf, Georges. 1993. *Mémoire et personne*. Paris, Presses Universitaires de France.

Halbwachs, M. 1968. *La mémoire collective*. Paris, Presses Universitaires de France.

Halbwachs, Maurice. 1997. *La mémoire collective*. Édition critique établie par Gérard Namer. Paris. Albin Michel.

Halperín Donghi, Tulio. 1997. *Una nación para el desierto argentino*. Buenos Aires, CEAL.

Hartog, François. 1999 [1996]. *Memoria de Ulises. Relatos sobre la frontera en la antigua Grecia*. Buenos Aires, Fondo de Cultura Económica.

Hassoun, Jacques. 1996. *Los contrabandistas de la memoria*. Buenos Aires, Ediciones de la Flor.

Havelock, Eric. 1982. *Preface to Plato*, Harvard, Harvard University Press.

Hay, Louis (edit). 1993. *Les manuscrits des écrivains*, Paris, CNRS, Ed. Hachette.

Hazlitt, W.C. 1995 [1905]. *Dictionary of Faiths & Folklore*. London, Studio Editions.

Helft, Nicolás. 1997. *Jorge Luis Borges: bibliografía completa*, Buenos Aires, Fondo de Cultura Económica.

Hintikka, Jaako. 1989. *L'intentionalité et les mondes possibles*. Paris, Press Universitaires de France.

──. 1998. *El viaje filosófico más largo*, Barcelona, Gedisa.

Irving, Leonard. 1996. *Los libros del conquistador*, México, FCE.

Jakobson, Roman. 1959. "On Linguistics aspects of Translation". En Reuben A. BROWER (ed.). *On Translation*. Cambridge, Mass., Harvard University Press.

──. 1964. "Closing Statement: Linguistics and Poetics" en *Style in Language*, comp. by Th. A. Sebeok. Massachussetts, MIT Press, pp. 350-377.

Kerbrat-Orecchioni, Dominique. 1994. *La enunciación. De la subjetividad en el lenguaje*. Buenos Aires, Edicial.

Kristeva, Julia. 1994. *Le temps sensible. Proust et l' expérience littéraire*. Paris, Gallimard, c 2000.

Labov, W. & Waletzky. 1972 [1967]. "Narrative analysis: oral versions of personal experience" en *Essays on the verbal and visual art* Seattle & London, University of Washington Press.

Landow, George P. 1992. *Hipertext. The convergence Contemporary Critical Theory and Technology*, Baltimore-London, The John Hopkins University Press, Trad. esp., Barcelona-Buenos Aires-México, Ed. Paidós, 1995.

Landsberg, Peter T. et al. [1985] 1986. *Proceso al azar*, Barcelona, Tusquets.

Lausberg, Heinrich. 1975. *Manual de retórica literaria*. Madrid, Gredos.

Lebrave, J. L. 1990. "Déchiffrer, transcrire, éditer la genèse" en *Proust à la lettre. Les intermittences de l' écriture*. Charente, Du Lérot, pp. 141-162.

León Portilla, Miguel. 2000. *Introducción a Bernal Díaz del Castillo. Historia verdadera de la Conquista de la Nueva España*. Madrid, Dasta.

Lojo, María Rosa. 2000. *Historias ocultas en la Recoleta Buenos Aires*, Alfaguara.

Lord, Albert T. 1960 [1950]. *The singer of tales*. Massachussets, Harvard University Press.

Lotman, Jurij. 1979. "Valor modelizante de los conceptos de 'fin' y 'principio'" en *Semiótica de la cultura*. Madrid, Cátedra.

Ludwig, Gunther, cfr. Landsberg, [1985] 1986.

Lyotard, Jean François. 1986. *La condition posmoderne: renseignement sur le savoir*, trad. esp. *La condición posmoderna: informe sobre el saber*, Madrid, Cátedra, 2ª. Ed. 1986.

Mignolo, Walter. (1981). "El metatexto historiográfico y la historiografía indiana." MLN 96, págs. 358-402.

Molloy, Sylvia. 1979. *Las letras de Borges*, Buenos Aires, Sudamericana.

Mukarovsky, Jan. 1977. "Detail as the basic semantic unit in folk art" en *The word and verbal art*. New Haven & London, Yale University Press, pp. 180-204.

Noblía, María Valentina. 2000 en prensa. "Géneros discursivos y sus medios de producción en la comunicación mediada por computadoras", *Filología* XXXIV.

Ong, Walter J. 1987[1982]. *Oralidad y escritura. Tecnologías de la palabra*. México, Fondo de Cultura Económica.

Palleiro, María Inés. 1993. "La dinámica de la variación en el relato oral tradicional riojano. Procedimientos discursivos de construcción referencial de la narrativa folklórica. Síntesis de los planteos principales de la Tesis de Doctorado", en *Formes textuelles et matériau discursif. Rites, mythes et folklore*, *Sociocriticism* IX, 2, N° 18, Montpellier (France), pp. 177-182.

. 1994. "El relato folklórico: una aproximación genética" en *Filología* XXVII, 1-2 , pp. 153-173.

. 1997. "'El encuentro con la Muerte': oralidad, escritura e hipertextos en una matriz narrativa" en *Revista de Investigaciones Folklóricas*, N°12, pp. 25-35.

. 2000. "Misteriosa Buenos Aires: reescrituras mediáticas de dos matrices folklóricas" en *Relecturas, reescrituras. Articulaciones discursivas.* Buenos Aires, Daniel Altamiranda editor, pp. 200-208.

. 2001 en prensa. "'La Muerte en el baile': hacia una genética hipertextual de la oralidad narrativa". Buenos Aires, Instituto de Filología y Literaturas Hispánicas "Amado Alonso"

. 1992. "Un espacio textual de convergencia. Acerca de las categorías de 'ficción', 'historia' y 'creencia' en el relato folklórico" en *Nuevos Estudios de Narrativa Folklórica*. Buenos Aires, Rundinuskín, pp. 5-20.

Panesi, Jorge. [1998] 2000. *Críticas.* Buenos Aires. Norma.

Pardo, María Laura y María Valentina Noblía eds. 2000. *Globalización y nuevas tecnologías.* Buenos Aires. Biblos.

Parry, Milman. 1928. *L'epithète traditionelle dans Homère.* Paris, Les Belles Lettres.

. 1954. *Serbocroatian Heroic Songs.* Massachussets.

Paz, Octavio. (1990). *Traducción, literatura y literalidad.* Barcelona, Tusquets, 3ª. edición.

Piglia, Ricardo. 1990. *Respiración artificial.* Buenos Aires, Sudamericana.

. 1993. *La ciudad ausente.* Buenos Aires, Sudamericana.

. 1999. "Tres propuestas para el próximo milenio (y cinco dificultades)", Conferencia pronunciada en la Universidad de las Madres de Plaza de Mayo y publicada por el diario Página/12 el 24 de diciembre.

. 1999. *Formas breves.* Buenos Aires, Temas en el margen.

Platón.1978. *Diálogos.* México, Porrúa.

Pons, Sophie. 2000. *Apartheid. L' aveu et le pardon.* Paris, Bayard.

Prigogine, Ilya. 1993. *Las leyes del caos.* Barcelona, Grijalbo-Mondadori, trad. esp., 1997.

Rabelais, François. 1947. *Le Quart Livre*, ed. de Robert Marichal, Genève, Droz.

. 1973. *Œuvres Complètes*, ed. de Guy Demerson, Paris, Seuil.

Ramírez Cabañas, Joaquín. (1944) *Estudio preliminar a Bernal Díaz del Castillo. Historia verdadera....* México, Porrúa, dos tomos.

Real Academia Española. *Diccionario de la lengua castellana* (DRAE)

Reisz de Rivarola, Susana. 1979. "Ficcionalidad, referencia, tipos de ficción literaria" en *Lexis* III, No. 2, pp. 99-109.
———. 1989. *Teoría y análisis del texto literario*, Buenos Aires, Hachette.
Ricoeur, Paul. 2000. *La Mémoire, l' Histoire, l'Oublie*. Paris, Seuil.
Rivarola, José Luis y Susana Reisz. 1984. "Semiótica del discurso referido" en *Homenaje a Ana María Barrenechea*, Editado por Lía Schwartz Lerner e Isaías Lerner. Madrid, Castalia.
Romano Sued, Susana. (1995). *La diáspora de la escritura. Una poética de la traducción poética*. Córdoba, Editorial Alfa.
Rousso, H. 1998. *L'antisse du passé*. Paris, Textual.
San Agustín. 1979. *Obras 11. Las Confesiones*. Madrid, Biblioteca de Autores Cristianos.
Sarlo, Beatriz. 1995. *Borges, un escritor en las orillas*. (Trad. esp. del original inglés). Buenos Aires, Ariel.
Scarano, Tommaso. 1987. *Varianti a stampa nella poesia del primo Borges*. Pisa, Giardini.
Schatzman, Evry. Cfr. Landsberg. 1986.
Sebald, W. G. 1996. *The emigrants*. London, Harvill.
Simmel, Georg. 1986. "Filosofía del paisaje". *El individuo y la libertad. Ensayos de crítica de la cultura*. Barcelona, Península.
Steiner, George. (1975). *After Babel*. London, Oxford University Press.
Swearingen, C. 1990[1989]. "The Narration of Dialogue and Narration Within Dialogue: The Transition from Story to Logic" en *Narrative Thought and Narrative Language*, ed. by Bruce K. Britton y Anthony D. Pellegrini. Hove and London, Lawrence Erlbaum Associates Publishers, pp. 173-198.
Thom, René, cfr. Landsberg. 1986.
Thompson, Stith. 1955-1958. *Motif-Index of Folk Literature*. Copenhagen and Bloomington.
Tonkin, Elizabeth. 1992. *Narrating our pasts. The social construction of oral history*. Cambridge, Cambridge University Press.
Toury, Gideon. 1980. *In search of a Theory of Translation*. Tel Aviv, The Porter Institute for Poetics and Semiotics.
———. 1982. "A Rationale for Descriptive Translation Studies". En *Dispositio*. Revista Hispánica de semiótica literaria, University of Michigan, Vol. VII, 19, 20, 21, 1982 (número monográfico: "The Art and Science of Translation").
Venuti, Laurence. (1995). "Call to action". In: *The translator invisibility. A history of translation*. London/ New York, Routdlege.

Voloshinov, Valentín Nikolaevich. 1929. *El signo ideológico y la filosofía del lenguaje*. Trad. española de la versión inglesa, Buenos Aires, Nueva Visión, 1976.
Vygotsky, L. S. 1985 [1934]. *Pensamiento y lenguaje*. Barcelona, Paidós.
Walsh, Rodolfo. 1996. *Ese hombre y otros papeles personales*, Buenos Aires, Seix Barral.
Weinrich, Harald. 1999. "Le génie de la raison oublieuse" en *Léthé. Art et critique de l'oubli*, Paris, Fayard, 65-85.
Wertsch, J. V. 1995[1988]."Mente y sociedad" en *Vygotsky y la formación social de la mente*. Barcelona, Paidós, pp. 217-238.
White, Hayden. 1973. "The Poetics of History" en *Metahistory*. Baltimore & London, The John Hopkins University Press.
——. 1981. "The value of narrativity in the representation of reality" en *On narrative*. Chicago, The University of Chicago Press.
Yates, Frances. 1966. *The Art of Memory*. London, Pimlico.
——. 1974. *El arte de la memoria*. Madrid, Taurus.
Yerushalmi, Yosef. 1982. *Zakhor. Jewish History and Jewish Memory*. Washington, University of Washington Press.
Zanetti, Susana y Manzoni, Celina. 1982. Estudio preliminar a Bernal Díaz del Castillo, *Historia verdadera*.... Buenos Aires, CEAL.

Indice

Archivos de la memoria. Palabras introductorias, por Ana María Barrenechea .. 7

Villa, el médico de la memoria, por Jorge Panesi .. 13

La isla de Finegans, por Alejandra Alí .. 27

El cronista y la memoria. Una lectura de la Historia verdadera de la Conquista de la Nueva España, *de Bernal Díaz del Castillo*, por Valeria Añón .. 43

El morral de la memoria. Observaciones sobre memoria y educación en Gargantua, por Susana Artal .. 51

Cuerpo y proyecto nacional. La ciudad fotográfica de Christiano Junior, por Paola Cortés Rocca .. 61

Vocabulario Argentino de Diego Díaz Salazar. Un archivo de la memoria, por Raúl Illescas .. 73

La traducción como rescate de la memoria identitaria en dibaxu *de Juan Gelman*, por Lucila Pagiai .. 83

Clementina Cambacères: ¿Una historia oculta? Oralidad y memoria en una matriz folklórica, por María Inés Paillero ..99

Tiempo, identidad, memoria y sueño, por Ana María Barrenechea .. 121

Referencias Bibliograficas .. 135

Se terminó de imprimir en el mes de agosto de 2003
en los Talleres Gráficos Nuevo Offset
Viel 1444, Capital Federal
Tirada: 700 ejemplares